개념도 연구방법을 활용한

상담연구과정

박애실 · 박승민

박영story

머리말

이 책은 개념도 연구방법론을 활용하여 상담학 연구를 수행할 때 이론적 실제적 도움을 제공하고자 기획 및 집필되었다.

개념도 연구는 연구참여자가 특정 현상을 어떻게 자신의 내면에 구성하고 있는지 탐색하는 데 초점을 두고 있으며, 이를 객관적이고 표준화된 절차로 진행하는 독특한 연구방법이다. 특정 주제에 대한 연구참여자의 주관적 경험을 질적인 접근으로 자료를 수집하지만, 수집된 자료를 다차원척도법과 군집분석이라는 양적인 방법을 이용하여 연구참여자의 지각에 대한 시각적인 자료를 제시한다는 점에서 양적 연구와 질적 연구 중간에 위치하고 있으며, 혼합연구방법이라고 불리기도 한다. 상담학 연구는 인간의 개별 특수적인 주관적인 경험을 주제로 하면서, 표준화된 절차로 보편적인 접근을 한다는 점에서 개념도 연구방법과 매우 비슷한 부분이 있으며, 따라서 개념도 연구는 상담학 주제들을 연구하기에 매우 유용한 연구방법론이라고 할 수 있다.

우리의 집필 계기는 이런 매력적인 연구방법론을 어떻게 쉽게 안내할 수 있을까라는 고민에서 시작되었다. Kane과 Trochim은 2007년 'Concept mapping for planning and evaluation'이라는 책을 발간하면서 구조화된 개념도 과정을 6단계 절차로 정리하여 제시하였다. 하지만, 이 책은 이해관계자의 의견을 수렴하여 기관의 계획과 평가에 적용하는 과정을 소개하는 데 초점을 두고 있다. 또한, 국내의 여러 연구자들이 학술지를 통해 개념도 연구방법을 소개하고자 시도하였다. 그럼에도, 여전히 개념도 연구 입문자에게 연구주제 설정부터 논문 글쓰기까지의 긴 과정을 수행할 수 있는지에 대해 이해하기 어려운 부분이 있어, 조금이나마 도움이 되고자 본 책을 집필하게 되었다. 특히 개념도 연구방법론을 학위논문과 학술지 논문으로 집필하고 또한 대학원생들 대상으로 연구를 지도한 저자들의 경험을 담으려고 노력하였다.

이 책은 크게 3장으로 구성되어 있다. 먼저 1장 '개념도 연구방법 개관(박승민)'에서는 개념도 연구방법을 소개하고, 그 유용성과 절차, 특히 상담학 분야에서의 개념도 연구방법 활용의 의의를 논하였다. 그 다음으로 이 책의 본 장이라고 할 수 있는 2장 '개념도 연구방법을 적용한 연구 수행(박애실)'에서는 Kane과 Trochim이 제시한 6단계를 대표저자의 학위논문을 각색 및 편집하여 쉽게 연구에서 적용할 수 있도록 12절에 걸쳐서 구체적인 예로 소개하였다. 3장 '개념도 연구방법의 활용에 있어 고려할 사항(박애실, 박승민)'에서는 아이디어 진술문 수집방식의 다양한 예, 서로 다른 집단의 인식비교에 활용된 예, 중요도 평정의 다양한 예들을 국내외에 발간된 학술지를 인용하여 소개하여, 개념도 연구가 상담학 연구의 다양한 부분에 활용될 수 있음을 소개하고자 하였다.

개념도 연구방법은 계속해서 발전하고 있고 앞으로도 다양하고 창의적인 방식으로 상담학 분야와 인접 분야(교육학, 심리학, 사회복지학, 간호학 등)에서 활용될 것이라고 기대한다. 이 책은 먼저 개념도 연구방법의 활용을 고민하고 연구를 수행하면서 저자들이 경험한 바를 담아내려고 노력하였다. 부족한 부분에 대해서는 독자들의 의견과 조언을 담아 추후 개정하여 발전된 모습으로 나아갈 수 있기를 소망한다.

본 책이 출판되기까지 인내와 배려로 기다려주신 박영스토리 노현 대표님, 교정 작업을 섬세하게 도와주신 김다혜 편집자님을 포함한 박영스토리의 관계자 여러분들께 감사의 마음을 전하고자 한다.

2023년 2월
저자 일동

목차

CHAPTER 01 개념도 연구방법 개관 1

1. 개념도 연구방법이란 2

2. 개념도 연구방법의 유용성과 연구절차 6

1) 개념도 연구방법의 유용성 6

2) 개념도 방법의 연구절차 16

3. 상담학 분야에서의 개념도 연구방법 활용의 의의 30

CHAPTER 02 개념도 연구방법을 적용한 연구 수행 39

1. 연구주제 정하기 41

2. 초점질문 개발 (Step 1) 49

3. 연구참여자 선정 (Step 1) 54

1) 개념도 연구에서 연구참여자 선정의 중요성 54

2) 연구참여자 선정 방법(표본 선정) 54

3) 연구참여자의 수(표본의 크기) 55

4) 연구참여자 선정의 예 55

4. 연구설계하기 (Step 1) 60

1) 자료수집 방법 60

2) 연구 과정 61

5. 문헌고찰과 연구자의 경험을 통한 연구주제 감수성 키우기 65

6. 윤리적 이슈에 대한 고려 70

1) 개념도 연구에서 고려해야 하는 윤리적 쟁점 70

2) 연구참여자에게 연구에 대한 동의받기 71

7. 아이디어 진술문 생성 (Step 2) 74

1) 아이디어 진술문 수집(개별 면접을 중심으로) 74

2) 기초 아이디어 진술문 생성 78

3) 아이디어 진술문 종합(idea synthesis) 80

8. 진술문 구조화 (Step 3) 87

9. 개념도 분석 (Step 4) 92

10. 결과 해석 (Step 5) 94

1) 차원의 수 결정 94

2) 차원의 의미 해석 97

3) 군집의 수와 군집명 결정 101

4) 중요도 평균 계산 105

5) 개념도 지도의 시각적 표상 106

11. 연구타당성 평가 109

12. 개념도 활용 및 글쓰기 (Step 6) 114

1) 서론과 이론적 배경 115

2) 연구방법 116

3) 결과 119

4) 논의 및 제언 124

5) 참고문헌 및 부록 125

CHAPTER 03 개념도 연구방법의 활용에 있어 고려할 사항 131

1. 아이디어 진술문 수집 방식 133

1) 선행연구에서 아이디어 진술문 수집하기 133

2) 집단 면접에서 아이디어 진술문 수집하기 134

3) 서면 조사로 아이디어 진술문 수집하기 136

2. 서로 다른 집단의 인식 비교에 개념도 연구방법이 활용된 예 137

3. 중요도 평정의 다양한 예 142

참고문헌 148

부록 160

CHAPTER

01

개념도 연구 방법 개관

1. 개념도 연구방법이란
2. 개념도 연구방법의 유용성과 절차
3. 상담학 분야에서의 개념도 연구방법 활용의 의의

CHAPTER 01

개념도 연구방법 개관

1 개념도 연구방법이란

Ideas are like rabbits. You get a couple and learn how to handle them, and pretty soon you have a dozen. - John Steinbeck

[아이디어는 토끼와 같다. 당신은 몇 가지의 아이디어를 얻고 그것들을 다루는 법을 배우며 곧 12개의 아이디어를 갖게 된다. - 존 스타인벡(Kane & Trochim, 2007, p.1에서 발췌)]

상담은 삶 속에서 경험하는 다양한 심리적 어려움에 대한 치유와 동시에 다양한 문제에 대한 이해와 변화를 추구하는 과정이다. 상담을 통해 내담자들은 자신에 대한 보다 깊고 넓은 이해를 하게 되고 변화를 경험한다. 이 변화에는 인지적, 정서적, 행동적 변화가 포함되며,

내담자 스스로가 이러한 측면의 변화를 어떻게, 어느 정도로 인식하느냐에 따라 우리는 상담의 성과 정도를 가늠할 수 있게 된다. 상담학이 가지는 고유한 특수성은 삶의 다양한 주제들을 임상 장면과 연구 장면에서 자료의 초점과 분석 방식을 달리한다는 점이라 할 수 있다. 다시 말해 임상 장면에서 내담자들이 호소하는 상담주제는 내담자들의 주관적 세계에 기반을 둔 개별특수적(idiographic)인 인식의 내용들이라 한다면, 연구의 측면에서는 이 상담주제를 일반화가 가능한 객관적 자료로 수집하여 과학적, 체계적 절차에 의해 검증된 지식으로 생산하는 데에 초점을 둔다.

때문에 상당한 기간 동안 상담 분야의 연구들은 실증주의 패러다임 안에서 계량적 방법에 의한 가설검증의 논리로 진행되어 왔다. 이러한 접근법은 주관적 경험으로 이루어지는 실제 임상 장면에서의 수많은 자료들이 수와 양으로 치환되어 표현됨으로 인해 제한을 가질 수밖에 없었다. 이러한 제한점에 따라 1970년대 후반부터 질적연구방법론이 소수의 연구들을 통해 시도되기 시작하였다. 이러한 움직임은 2005년 Journal of Counseling Psychology에 질적연구방법론에 대한 특집호가 발간되면서 연구자들에게 상담심리학 연구에서의 질적연구방법론 적용의 의의에 대한 관심의 증가로 연결되었다. 즉 상담학 연구 장면에서 개인의 주관적 경험의 내용이 주된 연구자료로서 양적 연구와는 다른 패러다임에서 학술적 가치와 의미를 지닌다는 것을 인정받는 방향으로 발전하게 되었다.

한편, 기존의 질적 연구에서는 연구자가 자료 분석 과정에서 미리 준비한 코딩 체계에 맞추거나 연구자가 가질 수 있는 선입견과 주관적 해석이 개재된 결론이 도출될 수 있다는 제한점이 있다(Jackson & Trochim, 2002). 따라서 실용주의적 관점에서 질적연구방법론과 양적연구방법론을 혼용하는 다양한 혼합연구방법에 대한 개발 흐름이 이어졌다. 그중에서 Trochim에 의해 개발된 개념도 연구방법(concept mapping methodology)은 사람들이 특정 현상을 이해하고 해석하는 데 사용하는 인식 체계를 시각적으로 확인할 수 있는 방법론적 접근으로써(Goodyear et al., 2005), 기존의 참조체계나 이론적 확립이 부족한 분야의 탐색적 연구에 적합한 것으로 알려져 있다(Johnsen et al., 2000). Kane과 Trochim(2007)은 여러 아이디어들을 하나의 도식이나 지도 내에서 보여주는 절차를 통칭하는 '개념도(concept mapping)'라는 용어를 설명하면서, 하나의 통합적인 방법론적 접근(Trochim, 1989; Trochim & Linton, 1986)으로서의 개념도 연구방법의 의미를 설명하였다. 방법론으로서의 개념도 연구방법은 브레인스토밍, 아이디어 진술문 생성과 종합, 진술문 구조화, 다차원척도 분석과 위계적 군집분석 수행, 여러 개의 해석가능한 지도와 자료 분포(디스플레이)를 산출하는 절차를 포함한다. 개념도는 겉으로 드러나지 않는 내면의 인식 구조를 시각화하여 보여주기 때문에 연구대상자들의 인식을 직관적으로 쉽게 이해할 수 있고 이를 통해 효과적으로 의사소통할 수 있다는 강점을 가진다(민경화, 최윤정, 2007). 또한, 질적 자료를 수집하여 양적 통계 기법으로 분석하기 때문에 소수의 관점을 무시하지 않으면서 양적 근거를 마련하여 기존의 양적 연구와 질적 연구의 한계점을 보완한다는 이점이 있다(Kane & Trochim, 2007). 더욱이 연구대상자들을 연구에 적극적으로 참여시키기 때문에 연구자의 의도나 편견이 개입될 가능성을 최소화하고 참여자들의 경험과 의미체계를 더 잘 반영할 수 있다(Paulson & Worth, 2002).

concept mapping이라는 용어는 사실 특정 전문 분야 안에서 교수법 또는 연구방법론의 명칭으로 혼용되고 있는 것처럼 보이기도 한다. 예컨대 수업에서 학생들의 생각의 흐름을 따라 개념 구조를 그려나가는 Concept Map 방법 역시 개념도라는 이름으로 통용되고 있다. 이들 방법과 개념도 연구방법의 가장 핵심적 차이는 각 개인들의 개별적 사고 과정과 개념을 구조화한 것인지, 특정 주제를 공유하는 집단의 사고를 개념으로 추출하고, 일련의 합의 절차를 통해 결과를 도출하는지에 있다. 즉, Trochim의 개념도 연구방법은 특정 주제를 공유하는 집단의 사고를 질적 자료로 모으고, 이를 통계적인 분석도구를 사용하여 한 집단의 합의된 인식 내용을 알 수 있다는 점에서 앞서 언급한 개별 학습과 사고과정에 초점을 둔 개념도 방법과 차이가 있다. 또한 개념도 연구방법에서는 연구참여자들이 제공한 자신들의 생각을 질적 자료화하고, 이를 분류하여 범주를 생성하는 과정을 거침으로써, 연구참여자들의 의미체계와 인식 구조를 이해할 수 있을 뿐만 아니라 이것이 양적 검증을 거쳐 결론으로 도출되기 때문에 질적연구방법론이 갖고 있는 한계를 극복할 수 있으며, 또한 연구참여자들의 경험을 귀납적 방식으로 탐색하기 때문에 연구자의 관점이나 편견이 최소화될 수 있다. 따라서 개념도 연구방법은 관심 주제를 질적 자료로 수집하고 양적으로 분석하는 대안적 접근으로서 의미가 있을 뿐만 아니라, 현상학적 접근이나 구성주의적 접근에서 강조하는 개인의 주관적이고 세밀한 경험에 대한 혼합 연구적 접근을 가능하게 하였다는 점에서 의의가 있다.

이처럼 하나의 방법론 안에 혼합 연구의 논리를 포괄하고 있는 개념도 연구방법은 연구참여자들이 경험한 실제 삶의 맥락 속 주제에 대한 인식 구조와 속성을 탐색하고, 참여자들이 생각하는 경험자료들을 보다 풍부하게 이끌어낼 수 있는 절차를 두고 있다는 점에서 질적 연구절차의 특징을 가지고 있다. 동시에 연구참여자들의 관점과 경험 내용들을 핵심 의미단위화하여, 개념의 구조를 시각적으로 구현이 가능한 객관적 분석절차, 즉 다차원척도 분석(multi dimensional scaling)과 위계적 군집 분석(hierarchical cluster analysis)이라는 통계적 방법을 사용하고 있다는 점에서는 양적 연구의 접근을 취하고 있다(Kane & Trochim, 2007). 따라서 상담학 분야에서도 개념도 연구방법은 양적 연구와 질적 연구 각각의 단점을 보완하고 장점을 살리는 데 활용도가 높은 방법이라고 사료된다.

최근 들어 개념도 연구방법은 요구조사, 이론 개발, 효과 평가, 측정도구의 개발을 비롯한 다양한 연구 목적으로 활용되고 있다. 특히 인간의 마음을 이해하고 치유와 변화를 도모하는 데 주된 관심을 가지고 있는 상담학과 심리학, 사회복지학, 간호학, 교육학 분야에서 활용이 증가하고 있는 추세에 있다. 예컨대, 정서(Morgan & Heise, 1988), 자기 개념(DeSteno & Salovey, 1997), 치료 과정에 대한 내담자의 인식(Paulson, Truscott & Stuart, 1999), 상담학 분야에서는 정신병리 연구(Treat et al., 2002), 치료적 공통 요인(Tracey et al., 2003), 다문화 상담역량(Darcy, Lee, & Tracey, 2004), 상담 작업 동맹 형성에 관한 내담자의 인식(Bedi 2006), 집단 수퍼비전에서 수퍼바이지의 도움 경험(Carter et al., 2009), 관계 깊이에 기여하는 상담사 요인(Tangen & Cashwell, 2016), 상담 과정에서 실제관계에 대한 상담사의 인식(Cho & Seo, 2017) 등 다양한 연구들이 진행되어 왔다. 이 연구들의 거의 대부분은 개념도 연구방법을 사람들이 일반적으로 지니는 인식체계의 발견을 위한 목적으로 사용하였다. 즉, 개인 혹은 집단이 공통적으로 보유하고 있는 인식의 구조를 밝혀내는 데에 초점을 맞추고, "일반적으로 사람들은 (또는 특정 개인 혹은 집단은) 어떻게 인식하는가"라는 질문에 대한 답을 찾는 것에 초점을 두고 진행하였다.

2 개념도 연구방법의 유용성과 연구절차

1) 개념도 연구방법의 유용성

개념도 연구방법은 1980년대부터 정신건강 전공 분야 및 사회복지 분야에서 프로그램 기획과 평가를 위해 적용되기 시작하였다.

1989년에 Trochim이 자료의 수집, 진술문 구조화, 결과분석, 개념도 해석까지의 일련의 과정을 체계화하여 발표를 하였고, 이것이 개념도 연구방법(concept mapping methodology)이라고 불리기 시작하였다. 즉 개념도 연구방법은 기존에 단순히 '추상적인 특정 개념의 구조를 그리는 것'에서 나아가, 개념의 구조를 탐구하는 일련의 절차를 체계화하고 구조화하였다는 특징을 지닌다. Kane과 Trochim은 개념도 연구방법은 구체적인 현상 이면에 있는 인식의 구조를 탐색하고 기술하는 절차라고 하였다. 연구자들이 산출된 아이디어 진술문를 종합, 편집하는 과정을 거칠 뿐만 아니라, 연구참여자들이 직접 아이디어 진술문을 의미의 유사성에 따라 분류함으로써 특정 현상에 대한 참여자들의 개념적 구조를 시각적 표상으로 산출한다는 특징을 가지고 있다. 이렇게 볼 때 개념도 연구방법은 자료수집부터 분석과 해석에 이르는 일련의 절차를 구조화하여 수행되도록 한 연구방법이라 할 수 있으며, 질적 연구와 양적 연구 사이에 위치하면서 이들을 절충하고 결합을 시도하는 연구 도구로서의 의미를 가진다고 볼 수 있다(정종진, 2021). 때문에 질적 자료를 수집하고 분석하는 데 있어 개념도 연구방법은 질적 자료의 분석에 양적 접근을 결합하였다는 점과 구조화된 절차를 제공한다는 점에서 유용성을 가진다고 볼 수 있다.

개념도 연구방법론의 유용성을 구체적으로 살펴보면 첫째, 개념도 연구방법은 연구참여자의 관점과 경험을 이해하는 데 유용하다. 즉 연구자의 편견을 최소화하고 연구참여자의 관점에서 그들이 실제로 경험하고 인식하고 있는 것을 파악할 수 있기 때문에 현상과 실제에 보다 가까운 자료를 수집할 수 있다는 유용성을 가진다. 질적연구방법론에서는 수집된 질적 데이터 분석과 결과, 결론에 연구자의 주관성이 개재될 수 있다는 점을 고려하여 중립성을 강조한다(Guba & Lincoln, 1981). 중립성을 보다 잘 준수한다는 점에서 보았을 때 질적 자료를 가지고 분석하는 경우에도 되도록 연구자의 주관적 견해나 선입견이 개재되는 것을 지양하고자 하는 경우, 그리고 연구 목적상 새로운 개념 범주들을 중립적이고도 객관적 측면으로 탐색하고자 할 때 개념도 연구방법이 유용할 수 있다(Jackson & Trochim, 2002). 유사성 분류단계라는 개념도의 주요 절차에서 연구참여자들은 자신의 내적 의미체계를 사용하여 범주를 만들어 내기 때문에, 연구자의 개념적 구조가 아닌 실제 현상을 경험하고 있는 연구참여자들의 집단적 개념 구조를 더 잘 반영할 수 있다(정종진, 2021). 또한, 개념도 연구방법은 개념도 해석에서 통계분석 결과 통찰의 근거로 삼는다는 점에서 질적 자료를 분석하는 과정에서 대두될 수 있는 연구자의 편견 또는 선입견이 개입될 가능성을 줄일 수 있다는 점에서 유용성을 가진다. 연구문제에 대한 적절하고 타당한 답변을 탐구하기 위해, 개념도 연구방법은 많은 연구들에서 질적 자료를 수집하여 수집된 자료를 양화시켜 다양한 통계방법을 적용하는 절차로 수행되고 있다. 상담학 분야 연구주제 중에 연구참여자가 경험하는 주관적 체험자료를 바탕으로 분석할 필요가 있는 경우에, 질적 자료를 수집하지만 구조화된 분석절차를 활용할 뿐만 아니라 통계적 방법을 함께 활용한다는 점에서, 탐색을 위해 수집된 자료를 질적으로 분석하는 질적 연구와는 다른 강점을 갖는다.

둘째, 개념도 연구방법은 특정 주제와 관련하여 다양한 이해관계자들이 가지고 있는 여러 견해와 생각에 대한 공통된 이해의 틀을 제공하고, 특정 주제가 품고 있는 개념들을 포괄적으로 도출해낸다는 장점을 가지고 있다. 즉, 개별적인 작업으로 실시된 유사성 분류로부터 차원과 군집이라는 집단의 결과를 도출해낸다는 특징을 가지고 있다. 따라서 개념도 연구방법은 다양한 이해관계자들이 포함되는 그룹이 어떤 인식을 하고 있는지에 대한 공통된 개념을 도출하는 데 유용하다.

셋째, 개념도 연구방법은 새로이 등장한 현상을 구성하는 개념들에 대한 이해를 증진하는 데 활용할 수 있는 좋은 방법이다. 사전 참조자료나 확립된 이론 체계가 부족한 분야(Johnsen et al., 2000; Paulson et al., 1999)와 개념적 범주들의 새로운 가능성을 열고자 하는 분야(정종진, 2021)에서 탐색적 접근이 가능하기 때문이다. 앞서 언급하였듯이, 개념도 연구방법은 연구 과정 전반에서 연구참여자를 적극적으로 참여시키는 방법이다. 아울러 연구주제를 탐구하기 위해 경험적이고 질적인 접근을 취하면서도 수집된 질적 데이터를 구조화된 방식에 따라 양적인 통계 방법을 사용하여 분석하기 때문에, 전통적인 질적 자료 분석 방법과는 다른 강점을 가지고 있다. 즉 연구의 주제가 되는 특정 현상과 관련된 당사자들이 직접 참여하여 아이디어와 의견을 내고 또한 다양한 이해관계자들로부터 수집된 질적 자료를 정량화시켜 분석하는 방법을 취한다는 측면에서 수집된 질적 자료의 객관적 타당성을 보다 확보할 수 있다는 측면에서도 의미가 있다.

그동안 사회과학 분야에서는 현상에 대한 개념이 아직 확인되지 않거나, 그 현상을 설명하는 선행연구 및 기존의 이론적 관점들이 갖추어지지 않았거나, 비록 기존의 이론이 있지만 보다 명확하게 할 필요가 있을 때 근거이론 접근이 많이 적용되어 왔다. Strauss와 Corbin(1998)의 근거이론 방법은 분석절차가 타 방법론들에 비해 비교적 명료하고 체계를 갖추고 있어서, 아직 잘 설명되지 않거나 실체적 이해가 필요한 주제를 설명하는 초기이론을 도출한다는 측면에서 특장점을 가지고 있다. 반면 자료수집과 분석의 범위가 넓고 오랜 시간이 걸린다는 제한점을 가지고 있기도 하다. 이에 비해 개념도 연구방법은 분석절차가 비교적 간편하고, 수집된 자료에 대한 분류와 명명에 연구참여자를 직접 참여시킴으로써 참여자의 의미체계를 반영할 수 있고, 다차원척도 분석과 위계적 군집분석 통계방법을 사용해 자료를 수량화된 결과물로 분석 및 산출해 냄으로써, 연구자의 통찰에 양적 근거를 제공한다는 장점을 지닌다. 무엇보다도 연구주제의 개념 구성을 한눈에 직관적으로 볼 수 있도록 결과를 시각적으로 제시한다는 장점과 유용성을 지닌다.

최근 국내의 상담학 분야 연구(최윤정, 김계현, 2007; 정신영, 이동귀, 박현주, 2012; 김영주, 장재현, 김대원, 이지원, 2013; 유성경, 임지숙, 손은영, 2016; 김은하, 서정선, 민수경, 2018), 교육학 분야 연구(한기순, 이정용, 2011; 박지혜, 정은정, 2014; 이용진, 박인우, 2015; 최수미, 김동일, 김주선, 2019; 오인수, 궁선혜, 반지윤, 양수연, 2021), 그리고 사회복지학 분야 연구(문호영, 문성호, 2014; 장연진, 하은솔, 2018; 정숙희, 주찬미, 박준혁, 박한길, 2020; 류청한, 2021)에서도 면접 등을 통해 수집된 질적 자료를 토대로 군집분석과 다차원척도 분석과 같은 양적 분석 방법을 통해 분석함으로써, 연구참여자들의 경험과 인식의 내용과 구조를 확인하여 제시해 주고 있다(표 1 참조). 이러한 연구 흐름을 보았을 때, 개념도 연구방법을 적용함에 있어 연구 목적에 따라 절차나 방법의 일부를 변용하여 폭넓게 사용하는 등의 방식을 통해, 개념도 연구방법이 보다 유용하게 활용될 수 있음을 알 수 있다.

표 1 개념도 연구방법으로 진행된 국내 연구들의 예

분야	번호	연구제목	연구자	학술지 (발행연도)	연구내용
상담학	1	고학력 기혼 여성의 진로 단절 위기 경험에 대한 개념도 연구: 진로지속 여성과 중단 여성 간의 비교	최윤정 김계현	상담학연구 8권 3호 (2007)	- 연구참여자: 진로단절 위기 경험을 한 직장 여성 8명과 직장 경력이 있는 전업주부 8명 - 연구결과: (1) 고학력 기혼여성들이 진로단절 위기 경험에 대해 다중역할 갈등수준과 자아성취 의지의 두 가지 차원을 바탕으로 ①육아·일병행 갈등 ②진로포부 하향 조정 ③전통적 성 역할 수용 과정 ④진로개발 의지의 부족 ⑤직업인의 역할 수용 과정이 도출되었으며, (2) 진로지속 여성과 중단 여성 간의 경험 간 차이를 확인함

분야	번호	연구제목	연구자	학술지 (발행연도)	연구내용
상담학	2	자살시도 병사의 위험요인과 보호요인에 관한 개념도 연수	정신영 이동귀 박현주	상담학연구 13권 1호 (2012)	- 연구참여자: 군 입대 후 자살시도를 경험한 병사 7명 - 연구결과: (1) 자살시도 병사의 위험요인 두 축은 외부적 영향 및 내부적 요인, 관계 및 통제된 환경으로 구성되었고, 4개의 군집 확인: ①선임병 및 간부의 무시와 인격모독에 의한 자존감 저하 ②통제된 군대 생활에 대한 괴로움 ③통제 상황을 벗어나려는 노력의 좌절로 인한 고통 ④의지할 대상이 없어서 느끼는 외로움과 소외 (2) 보호요인 두 축은 능동성 및 수동성, 쌍방향성 및 일방향성으로 구성되었고, 3개의 군집 확인: ①대화와 소통을 통한 이해받는 경험 ②한번 해보자는 자기암시 ③사회적 지지를 통한 격려의 3개 군집 확인
	3	초심 상담수련생과 내담자가 겪는 조기종결 경험에 대한 개념도 연구	김영주 장재현 김대원 이지원	한국심리학회지: 상담 및 심리치료 25권 2호 (2013)	- 연구참여자: 상담수련생 7명과 내담자 9명 - 연구결과: (1) 상담수련생이 지각한 조기종결 이유는 상담사-내담자 요인과 독립성-상호관계성의 두 개 차원으로 나누어졌으며, 4개의 군집 확인: ①상담역량 부족 ②내담자의 저항 ③상담사-내담자 간 부조화 ④상담사의 방어적 반응 (2) 내담자가 지각한 조기종결 이유는 상담사-내담자 요인, 상담과정-상담효과성 기대의 2개 차원으로 구분되었고, 4개의 군집 확인: ①초기문제 및 상황변화 ②상담사의 공감 부족 ③상담사의 전문성에 대한 불신 ④자기 공개에 대한 불편감
	4	한국 맞벌이 여성들의 일-가정 양립 경험에 대한 개념도 연구	유성경 임지숙 손은영	상담학연구 17권 6호 (2016)	- 연구참여자: 만 18세 미만의 자녀를 1명 이상 두고 6-20년 직장경력을 가진 맞벌이 여성 10명 - 연구결과: (1) '아이-직장', '주변과 함께 대처-나홀로 대처'의 두 차원이 발견되었으며, (2) 7개의 군집 확인: ①맞벌이 지속을 위해 남편과의 협력을 기대 ②제도적 한계에도 불구하고 맞벌이가 주는 개인적 유익 ③엄마 직장인이 직장에서 경험하는 어려움 ④혼자서 버텨내야 하는 힘겨움

분야	번호	연구제목	연구자	학술지(발행연도)	연구내용
상담학					⑤이러지도 저러지도 못하는 진퇴양난 ⑥한계를 체감하면서도 아이를 위해 최선을 다함 ⑦대신할 수 없는 엄마의 빈자리 때문에 아이가 늘 마음에 걸림
	5	대학생 내담자의 관점에서 방해가 되는 상담사의 행동, 반응, 태도에 관한 개념도 연구	김은하 서정선 민수경	인간이해 39권 1호 (2018)	- 연구참여자: 대학상담센터의 내담자 84명 - 연구결과: (1) 방해가 되는 상담사 요인에 대한 56개의 핵심문장을 도출하고, 핵심문장들을 유사한 문장으로 분류하게 한 후, 5점 척도로 평정하게 함. (2) 그 결과, 6개 군집 확인: ①도움이 되지 않는 실행 관련 개입 ②문제의 성격과 원인에 대한 이해 부족 ③작업동맹에 저해가 되는 행동 ④부적절한 해석 ⑤부적절한 질문 ⑥부주의하고 산만함
교육학	1	영재교사들이 지각하는 관찰-추천 영재판별 시스템의 방향, 중요도, 실행수준 분석: 개념도 연구법을 활용하여	한기순 이정용	영재교육연구 21권 1호 (2011)	- 연구참여자: 영재담당교사 12명 - 연구결과: (1) 영재 판별에서 관찰-추천시스템의 방향 탐색에 대한 인식 진술문으로 36개가 도출됨. 개념도에 나타난 진술문의 좌표 값을 기초로 위계적 군집분석 실시 결과 4개의 군집 확인: ①전문성 확보 ②행정적 지원 확보 ③공정성 확보 ④관찰-추천제의 원칙 (2) '전문성 확보'와 '공정성 확보' 범주가 상대적으로 더 중요하게 인식되고 있는 것으로 나타남
	2	개념도를 통한 신임 HRD 담당자 필요 역량 탐색	박지혜 정은정	HRD 연구 16권 4호 (2014)	- 연구참여자: HRD 경력 2년 이상의 대기업과 중소기업 HRD 담당자 26명 - 연구결과: (1) 신임 HRD 담당자에게 요구되는 역량 관련 진술문 도출 및 범주화를 통해 52개의 진술문이 최종 선정됨. (2) HRD 담당자들이 인식하는 신임 HRD 담당자의 전반적 역량은 '지식/기술', '관계/태도', '기본역량', '전문역량' 차원으로 구분되었고, 이 역량들은 ①직무공통지식 및 기술 ②업무기획 및 추진능력 ③HRD 관련 전문지식 및 기술 ④조직인으로서의 기본자세 ⑤HRD전문가 태도 ⑥비전수립 범주들로 묶임. (3) 신임 HRD 담당자에게 요구되는 구체적 역량은 컴퓨터 매체

분야	번호	연구제목	연구자	학술지 (발행연도)	연구내용
교육학					활용 능력뿐만 아니라 조직인으로서 기본적인 태도와 원만한 관계형성의 자세를 기르는 것을 포함하여 21개로 도출됨
	3	좋은 강의계획서에 대한 교육전문가의 개념도	이용진 박인우	교육방법연구 27권 1호 (2015)	- 연구참여자: 교육공학 전공 박사 15명 - 연구결과: (1) 좋은 강의계획서의 구성요소로 ①교수-학습 목표 ②차시별 수업 내용 ③수업환경 및 관리 ④학습 과제 수행 ⑤교수-학습 평가 5개 군집이 도출됨 (2) 좋은 강의계획서의 주요 구성요소 중에 목표의 제시와 평가 관련 정보가 상대적으로 더 중요시되었고, 특히 학습목표가 수업 계획의 다른 구성요소 간의 높은 연계성으로 설계될 필요성, 그리고 강의계획서상에 학습자의 수행에 대한 구체적 평가 루브릭 제시 필요성이 높은 중요도로 평가됨
	4	개념도 방법을 통한 교육사각지대 학습자 특성에 대한 초·중·고등학교 교사의 인식 비교	최수미 김동일 김주선	학습장애연구 16권 2호 (2019)	- 연구참여자: 초·중·고 현직교사 60명 - 연구결과: 참여자를 대상으로 교육사각지대 학습자 특성에 대한 43개의 진술문을 바탕으로 각 문항의 중요도와 유사도 평정 수행. 연구결과는 (1) 초등학교 교사는 교육사각지대 학습자의 특성으로 역기능적 가족관계를, 중학교 교사는 낮은 상황인지능력을, 고등학교 교사는 학습 무기력을 가장 중요하게 인식하였음 (2) 초·중·고 교사의 교육사각지대 학습자 특성에 대한 개념은 초등교사와 고등교사의 경우 매우 뚜렷하게 구분되었으나, 중학교 교사의 경우 뚜렷하게 구분되지 않음
	5	개념도 방법을 활용한 인도주의 리더십 개념 분석	오인수 궁선혜 반지윤 양수연	미래교육학연구 34권 3호 (2021)	- 연구참여자: 인도주의 실천 기관의 실무경력 10년 이상이면서 중간관리자급 이상인 참여자 11명 - 연구결과: 참여자를 대상으로 개별/집단 인터뷰 실시 후, 개념진술문 도출과정을 거쳐, 46개의 핵심 진술문을 최종 확정. 확정된 진술문에 대해 참여자 11명을 포함한 30명을 대상으로 진술문 유사성 분류 작업, 다차원척도법, 위계적 군집분석 시행. 연구결과 (1) 조

분야	번호	연구제목	연구자	학술지 (발행연도)	연구내용
교육학					직적-심리적 차원과 개인외적-개인내적 요인 차원의 2차원이 도출됨 (2) 최종 8개의 개념 군집 확인: ①편견 없이 모두를 존중하고 배려함 ②도덕적이고 청렴하며 윤리적임 ③적극적이고 유연하며 낙관적임 ④조직의 비전과 미션을 제시하고 협력적인 조직문화를 조성함 ⑤구성원 및 이해관계자들과 의사소통하고 지원함 ⑥자원을 전략적으로 관리하며 조직의 갈등을 해결함 ⑦전문적 지식과 직무경험을 바탕으로 정확하고 신속하게 의사결정함 ⑧사회적 변화에 대응하며 적극적, 창의적으로 문제를 인식하고 해결함
사회복지학	1	강점관점과 지역사회 네트워크를 기반으로 하는 통합적 사례관리 실천방법의 구조화: 개념도 연구법을 활용하여	김경미 윤재영	한국가족복지학 28권 4호 (2010)	- 연구참여자: 우리아이 희망네트워크 실무자 30명 - 연구결과: 통합적 사례관리를 전문적으로 실천하고 있는 참여자들의 강점관점 사례관리에 기반한 통합적 사례관리 실천에 대한 인식을 개념도 방법으로 탐구하고자 함. 사전준비모임에서 초점질문을 정하고, 진술문 생성, 구조화, 중요도와 실현가능성 평정, 개념도 해석 절차를 수행. 연구결과 (1) 최종적으로 99개의 진술문을 2차원 공간에 도식화하고, 6개의 구성개념 도출: ①아동가족과 일하기 ②아동가족과 관계 맺기 ③지역사회와 일하기 ④팀워크 강화하기 ⑤사례관리 능력을 강화하기 ⑥탄력적으로 운영하기 (2) 참여자들은 사례관리 능력을 가장 중요한 것으로 인식하고 있었으나, 실현가능성은 매우 낮을 것으로 인식함. 즉 현장에서 사례관리자로서 능력의 한계를 경험하고 있는 것으로 나타남

분야	번호	연구제목	연구자	학술지 (발행연도)	연구내용
사회복지학	2	청소년지도사의 직무만족에 관한 개념도 연구	문호영 문성호	청소년복지연구 16권 1호 (2014)	- 연구참여자: 실천현장에서 근무하는 청소년지도사 11명 - 연구결과: 브레인스토밍을 통해 직무만족 향상을 위한 필요 아이디어를 모으고 선별하여 28개의 아이디어 최종 산출. 연구결과 (1) 2개의 차원(미시적-거시적, 조직적-개인적) 도출 (2) 4개의 군집이 도출되었고, 중요도 순으로는 ①청소년지도사의 정체성과 위상 ②조직구성원 간의 슈퍼비전 및 지지 ③청소년지도사의 근로복지 및 환경 ④청소년지도사의 역량 강화로 나타남
	3	주민주도성에 관한 개념도 연구	장연진 하은솔	사회복지연구 49권 1호 (2018)	- 연구참여자: 서울시내 사회복지관 실무자 10명 - 연구결과: 주민주도성에 대한 인식을 탐구하기 위해, 참여자를 대상으로 주민주도성에 대한 59개의 진술문을 생성함. 이후 진술문 분류 및 중요도 평정 절차와 다차원척도 분석, 위계적 군집분석 시행. 연구결과로 (1) 총 6개의 군집 확인: ①참여유도 ②실천 ③절차 ④인식과 관심 확장 ⑤의견표출 ⑥태도와 정서 (2) 이 중에서 주민주도성 개념과 연관하여, 개념지도 안에서 연구참여자들 간에 의견 일치를 가장 많이 보이고 있는 군집 즉 핵심요소는 '실천'으로 나타남
	4	개념도 방법론을 활용한 발달장애 자녀 부모의 양육경험: 학령기와 성인초기 발달장애 자녀를 중심으로	정숙희 주찬미 박준혁 박한길	미래사회복지연구 11권 2호 (2020)	- 연구참여자: 장애인부모회 소속의 발달장애인 자녀를 둔 부모 9명 - 연구결과: 발달장애인 자녀를 둔 부모의 양육경험은 (1) 개인적 요인-사회적 요인, 어려움-문제 해결의 2개 차원으로 구분됨 (2) 7개 군집 확인: ①장애 자녀에 대한 사회적 시선 ②장애 자녀 양육의 심리적 고통 ③자녀의 장애 수용 ④강점 지지에 의한 양육태도 변화 ⑤사회적 참여와 통합 ⑥부모의 협력과 연대 ⑥차별 경험과 사회적지지 (3) 이 중에서 '사회적 참여와 통합'에 대한 중요도를 가장 높게 평가함

분야	번호	연구제목	연구자	학술지 (발행연도)	연구내용
	5	장애인 동료 상담 개념의 범주화: 개념도 연구법을 중심으로	류청한	장애인복지 연구 12권 2호 (2021)	- 연구참여자: 다년간 장애인자립생활센터에서 자립생활과정에 있는 이용자를 대상으로 지원활동을 하는 전국의 동료상담 장애인 27명 - 연구결과: 장애인 동료상담 개념에 대한 진술문 생성을 위해 참여자 면접을 수행함. 이후 최종진술문 도출, 유사성 분류와 중요도 평정, 다차원 분석과 위계적 군집 분석을 시행함. 연구결과 (1) 구조와 과정이라는 2개의 차원이 도출됨 (2) 12개의 군집 확인: ①개별화 자립지원 ②자립지향적 촉진활동 ③집단과정을 통한 자기개방 ④자립생활 경험 공유 ⑤사회적 자원 연결 ⑥인간관계 재구성 ⑦동료상담가의 성장 ⑧역할모델 ⑨공감적지지 ⑩생애정체성 형성 ⑪주체성 확립 ⑫사회변화를 위한 옹호활동 (3) 이 중에서 가장 중요하게 인식된 군집은 '주체성 확립'으로 나타남

2) 개념도 방법의 연구절차

Kane과 Trochim(2007)이 제시한 개념도 연구절차는 '개념도 준비', '아이디어 진술문 생성', '진술문 구조화', '개념도 분석', '결과 해석', '개념도 활용'의 6단계로 구성된다. 이를 Park과 Kim 그리고 Shin(2022)은 각 단계별로 진행되는 작업까지 함께 요약 정리하였다(그림 1 참조). 각 단계별 세부 작업에 대해 좀 더 살펴보기로 한다.

[그림 1] 개념도 연구방법 수행 단계 및 세부작업(Park, Kim, & Shin, 2022: p.4)

STEP 1 준비	• 초점 질문 개발 • 연구참여자 선발 기준 선정
STEP 2 아이디어 진술문 생성	• 연구참여자 인터뷰 • 진술문을 종합하여 최종진술문 선정
STEP 3 진술문 구조화	• 연구참여자 유사성 분류 및 중요성 평정
STEP 4 개념도 분석	• 다차원척도 분석 실시 • 위계적 군집분석 실시
STEP 5 결과 해석	• 차원과 군집의 수 결정 • 군집명 선정
STEP 6 개념도 활용	• 개념도 활용 및 글쓰기

1단계: 준비 단계 (그림 2 참조)

대부분의 개념도 연구 과정은 개념도 연구 전체를 총괄하고 책임을 갖는 연구개시인(initiator), 즉 연구책임자가 시작하게 된다. 연구책임자는 연구참여자가 속해 있는 그룹의 구성원들 중에서 참여자의 참여 및 진행을 촉진하거나 감독하는 내부 촉진자(facilitator)와 결과물을 평가하는 역할을 하는 외부 촉진자를 선정한다. 이후 목표를 결정하고, 적절한 초점질문을 개발하며 연구주제와 관련된 아이디어 수집을 위해, 연구주제 관련 이해관계자(stakeholder)들 중에서 연구참여자를 선정한다. 연구참여자는 한 그룹 내에서 선정이 될 수도 있고, 이해 또는 관심사가 서로 맞서는 주제의 경우에는 다수의 그룹에서 선정이 될 수도 있다. 이후 초점질문(focus question) 개발과 진술문 종합 및 편집, 차원 및 군집 이름의 논의

등을 위한 일종의 연구자 합의팀이 구성된다. 문헌 고찰을 통해 초점질문의 예시가 만들어지면 이것을 연구자와 합의팀이 논의하여 적절성 및 타당성을 검토하고, 이를 반영하여 선정한다. 이후 초점질문을 중심으로 참여자 중 소수의 예비 참여자를 대상으로 파일럿 면접을 실시한다. 면접 내용을 리뷰하여 연구자와 합의팀이 적합성 및 방향성 검토 과정을 거친 후 초점질문을 최종적으로 확정하는 과정을 거친다. 개념도 연구방법에서는 연구참여자의 수를 특별히 제한하고 있지 않지만, 일반적으로 최소 10명에서 40명 정도가 권장된다(Kane & Trochim, 2007). 연구참여자를 선정할 때 연구주제에 대한 이해와 민감도가 높은 참여자를 모집하는 것이 중요하다. 이후에 자료수집 방법 등을 결정하고, 전체 연구 스케줄, 연구참여자와의 소통 방식 등을 설정한다. 준비 단계의 마지막 절차로, 전체 연구 과정을 정리하여 계획안으로 작성한다.

[그림 2] 준비 단계(Kane & Trochim, 2007: p.28)

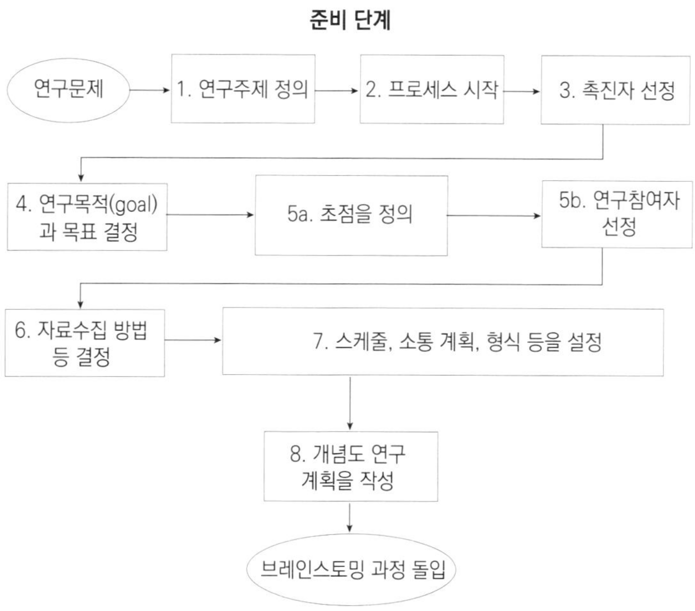

2단계: 아이디어 진술문 생성 단계 (그림 3 참조)

이 단계에서는 연구참여자 그룹 안에서 브레인스토밍을 하거나 개별 면접 등을 실시하고, 이를 통해 획득한 아이디어 진술문을 종합 편집하는 과정을 진행한다. 연구주제와 관련된 현장의 자료를 청취하고 수집하는 것이 매우 중요하므로, 일정 시간 동안 구조화된 브레인스토밍 과정을 거치는 것이 제안되기도 한다(Trochim & Cook, 1993). 개인적 일화를 제외한 모든 브레인스토밍 또는 면접 내용을 축어록으로 작성하여 기초 아이디어 진술문을 추출한 후, 연구 합의팀의 논의 과정을 거쳐 대표 아이디어 진술문을 산출한다. 이 과정에서 내용이 좀 더 명료하게 이해될 수 있도록 수정이 필요한 진술문을 편집할 수 있는데, 이때 연구자의 주관적 판단으로 참여자의 진술 의도가 왜곡되지 않도록 기초 아이디어 진술문과 대표 아이디어 진술문을 비교하며 연구참여자의 진술을 최대한 있는 그대로 반영하는 것이 중요하다. 수정 편집 과정을 거친 진술문들은 전문가 검토 등을 거쳐 최종 아이디어 진술문으로 확정된다.

[그림 3] 브레인스토밍을 통한 아이디어 진술문 생성 단계(Kane & Trochim, 2007: p.50)

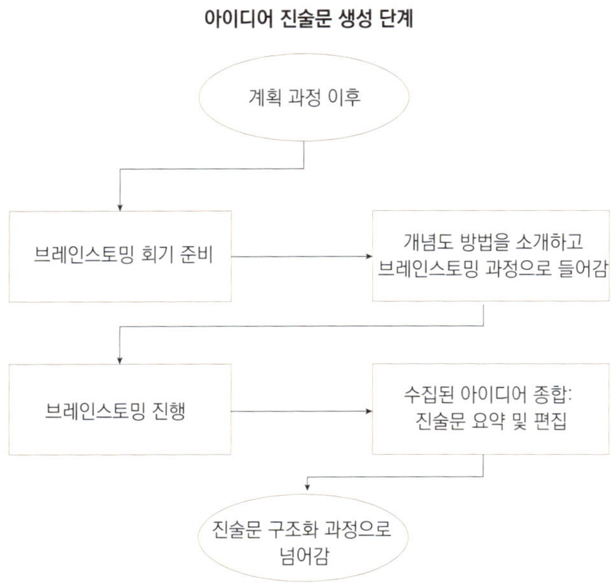

3단계: 진술문 구조화 단계 (그림 4 참조)

이 단계에서는 연구참여자들이 직접 최종진술문을 서로 유사한 것끼리 분류하고 각 진술문의 중요도를 평정하는 과정이 이루어진다. 진술문 구조화 단계에서 이루어지는 핵심 작업에는 ① 구조화에 대한 계획을 수립하기 ② 연구참여자들에게 활동에 대한 개요 제공하기 ③ 진술문 분류하기 ④ 진술문에 대해 평정하기 ⑤ 추후 연구 결과 해석에 필요한 연구참여자들의 인구통계학적 정보 및 소속 그룹 또는 조직의 특성을 파악하기가 포함된다. 결과적으로, 이 과정을 주의 깊게 수행하게 되면 연구주제와 관련된 연구참여자들의 인식을 반영하는 결과의 핵심적인 측면들이 드러나게 된다. Kane과 Trochim(2007)은 진술문을 구조화하는 방법으로 현장 미팅을 통해 연구참여자들이 직접 진술문들을 분류하고 평정하는 절차를 수행하는 방법과 웹기반 방식 또는 기술적 방법을 통해 여러 지역에 있는 연구참여자들을 초대하여 진술문들을 분류하고 평정하도록 요청하는 방법을 제안하고 있다. 분류하는 방법의 예로, 카드 형태로 제작한 최종진술문을 연구참여자에게 제공하고, 참여자가 수월하게 이해되는 방식으로 범주화한 후 각 범주의 명칭을 자유롭게 부여하도록 안내하는 방식이 있다. 중요도 평정을 할 때에는 최종 진술문을 설문지 형태로 제작하여 리커트 척도(예: 5점-매우 중요하다, 4점-중요하다, 3점-보통이다, 2점-별로 중요하지 않다, 1점-전혀 중요하지 않다)로 평정하게 할 수 있다.

[그림 4] 진술문 구조화 단계(Kane & Trochim, 2007: p.68)

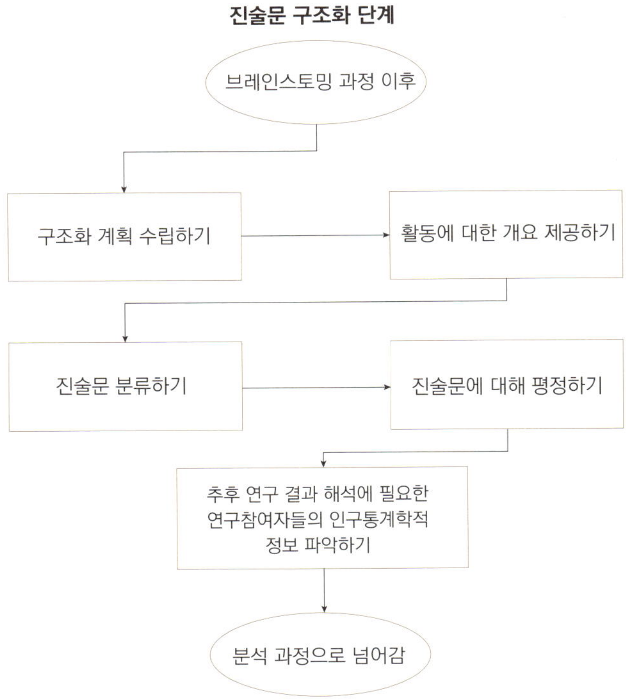

4단계: 개념도 분석 단계 (그림 5 참조)

이 단계에서는 참여자의 유사성 분류 및 중요도 평정 자료를 통계적으로 분석하여 차원과 군집, 개념도를 도출한다. 각 참여자의 유사성 분류 자료를 바탕으로 개인 유사성 행렬표를 만든 후 전체 합산하여 집단 유사성 행렬표(group similarity matrix)로 제작하고, 다차원척도 분석(multidimensional scaling)과 위계적 군집분석(hierarchical cluster analysis)을 실시하는 과정을 거친다. 다차원척도 분석을 적용할 때 가장 중요한 핵심적 진단지표는 스트레스(stress) 값이다. 스트레스는 하나의 세부 개념지도가 유사성 행렬 내의 다른 개념지도와 얼마나 거리가 있는지의 정도로 측정된 값이라 할 수 있다. '스트레스 값이 높다'의 의미는, 입력된 유사성 행렬의 데이터가 다차원 행렬상에 위치된 지점과 격차가 크다는 것을 의미한다. 그리고 그 세부 개념지도가 자료를 잘 대표하지 못한다는 것 또한 의미한다. 낮은 스트레스 값은 자료가 특정 세부 개념지도에 잘 부합한다는 것을 의미한다. Kane과 Trochim(2007)은 적정한 스트레스 값의 범위를 대략 0.205에서 0.365 사이로 제안하고 있다.

위계적 군집분석에서 가장 많이 쓰이는 방식은 세부 개념지도 안의 진술문들 간 거리를 잘 보여주는 Ward 방법이다. 군집의 수를 결정함에 있어, Kane과 Trochim(2007)은 연구참여자가 분류한 범주의 수를 고려하여 이들의 평균 범주의 수를 넘지 않는 범위에서 정하도록 권장하고 있다. 분석 결과를 참조하여 다차원척도 분석 결과에서 나타난 지도상의 점들을 선으로 연결하여 개념도를 완성한다. 분석된 결과에 대한 해석에 앞서 준비할 사항으로 Kane과 Trochim(2007)이 제안하는 사항은 다음의 네 가지이다. 첫째, 하나의 세부적인 개념 지도 영역이 다른 영역과 어떻게 연결되는지를 확인함에 있어 연결의 기준점을 찾는다. 둘째, 세부 개념 지도 영역에 군집 이름을 붙여본다. 셋째, 위계적 군집분석 결과 도출된 군집의 수를 최종적으로 결정한다. 넷째, 세

부적인 개념 지도 영역과 서로 매칭된 패턴들과 go-zone, 그 외 결과들을 해석하기 위해, 자료를 정리하여 준비한다.

[그림 5] 개념도 분석 단계(해석을 준비하는 단계)(Kane & Trochim, 2007: p.88)

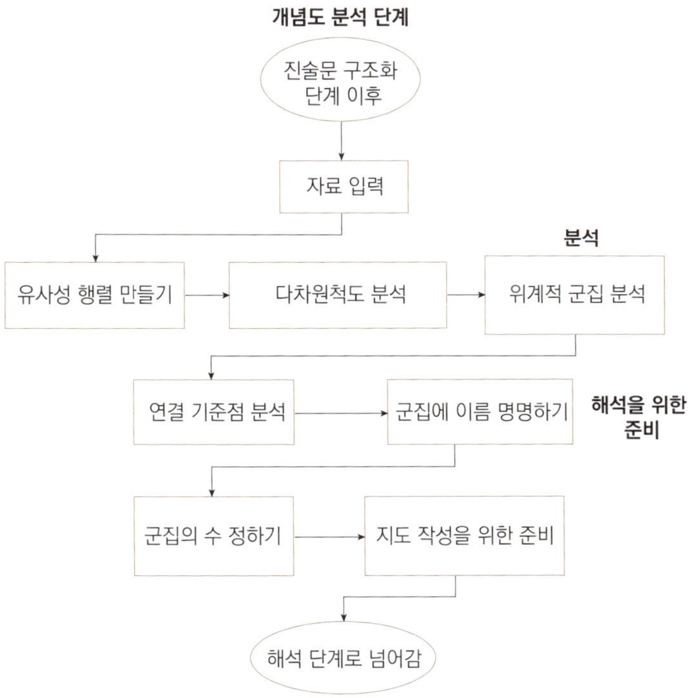

5단계: 결과 해석 단계 (그림 6 참조)

이 단계는 유사성 분류와 중요도 평정 작업에 반영되었을 연구참여자들의 인식 구조와 특성을 개념도 시각적 표상를 통해 관찰하고 추측해보는 과정이 이루어진다. 풍부한 결과를 도출하기 위해 연구진이 여러 차례 논의하는 과정을 거친다. 최종 분류된 군집의 이름을 정하기 위하여 다차원척도 분석 결과 나타난 좌표 위치와 각 차원의 특성, 군집 내 진술문들의 유사성 및 참여자들이 유사성 분류 시에 명명한 범주 이름 등을 참조하여 결정된 최종 군집들의 이름을 확정한다. 이 과정은 다음과 같은 핵심 단계를 포함한다. 첫째, 해석에 필요한 결과 자료와 분석 결과를 잘 구현할 수 있는 도구들을 준비한다. 둘째, 연구참여자들에게 연구 결과 개요를 잘 소개한다. 셋째, 아이디어 진술문들 간의 관계를 보여주는 포인트 지도를 소개한다. 넷째, 군집들에 부여된 이름에 대해 설명한다. 다섯째, 연구참여자들의 인식의 패턴이 연구주제와 관련된 중요한 세부 변수들과 어떻게 매칭이 되는지를 설명한다. 여섯째, 각 진술문들이 두 가지 평정 지표 간 교차로 이루어진 사분면에서 어디에 위치하는지를 보여주는 Go-zone에 대해 설명한다. 일곱째, 개념도 지도들과 결과가 주는 시사점을 해석하고 이 결과가 나타내는 잠재적인 적용성에 대해 설명한다.

[그림 6] 결과 해석 단계(Kane & Trochim, 2007: p.112)

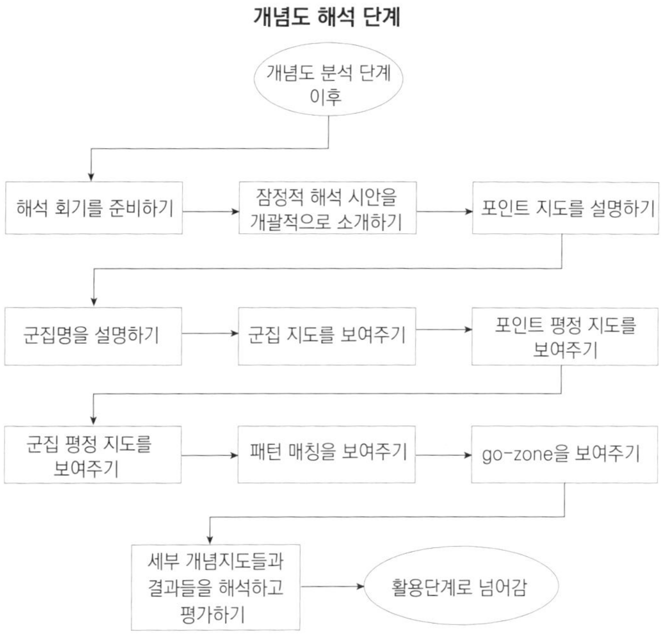

다차원척도 분석 결과로 각 진술문들은 두 개의 차원상에 점찍어진 그래프 형식으로 표시된다. [그림 7]에 예시된 바와 같이, 이 '포인트 지도(point map)'는 각 진술문들이 의미상 더 가까울 것이라고 일반적으로 기대되는 만큼 서로 가깝게 위치하게 된다. 예컨대, [그림 7]의 포인트 지도(point map)는 98개의 진술문 세트의 가설화된 지도라 할 수 있다. 숫자는 각 진술문의 번호를 나타낸다.

[그림 7] 포인트 지도(point map) 예시(Kane & Trochim, 2007: p.118)

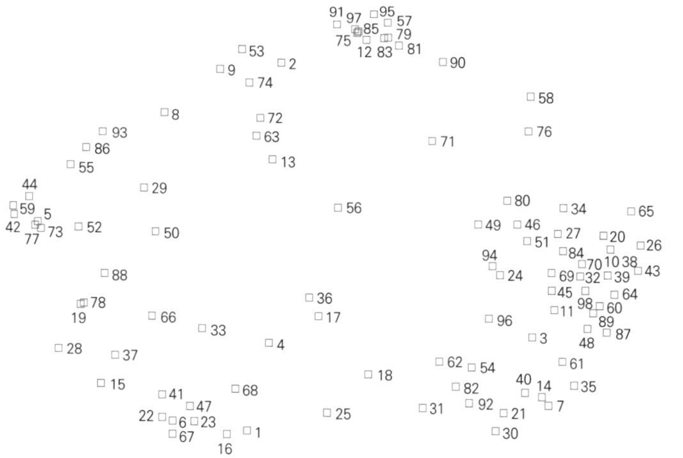

[그림 8]은 89개의 원 진술문들의 위치 점을 서로 연결하여 다각형 모양으로 표현한 가설화된 군집 지도(cluster map)의 예시이다. 이 군집 지도에는 9개의 가설화된 군집이 표현되어 있는데, 시각적으로 보았을 때, 일반적으로 각 군집의 내용에 포함되는 진술문들의 의미의 범위가 더 광범위할수록 그 군집의 크기가 더 크다. 예컨대, 군집 6이 군집 9에 비해 개념의 의미 범위가 더 광범위하다고 볼 수 있다.

[그림 8] 각 진술문들이 여러 개의 가설적 군집으로 표현된 군집 지도(cluster map) 예시 (Trochim & McLinden, 2017: p.170)

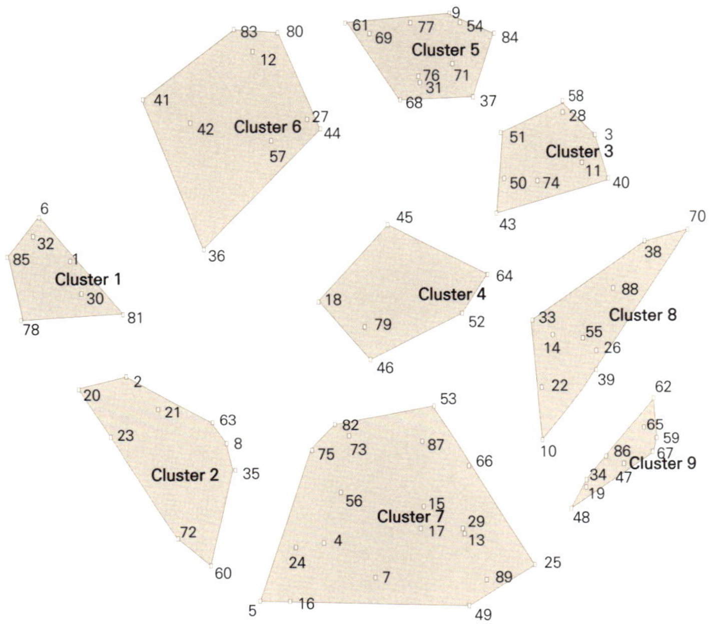

[그림 9]는 포인트 평정 지도(point rating map)의 예시이다. 이것은 앞서 [그림 7]의 포인트 지도(point map)에 나타나 있는 각 진술문들에 대한 참여자들의 중요도 평정 평균값을 가지고 등급화한 것이다. [그림 10]은 [그림 8]의 결과를 각 군집별로 3차원적 다각형 모양이 켜켜이 쌓여 있는 모양으로 도식화한 군집 평정 지도(cluster rating map)이다.

[그림 9] 포인트 평정 지도(point rating map)의 예(Kane & Trochim, 2007: p.123)

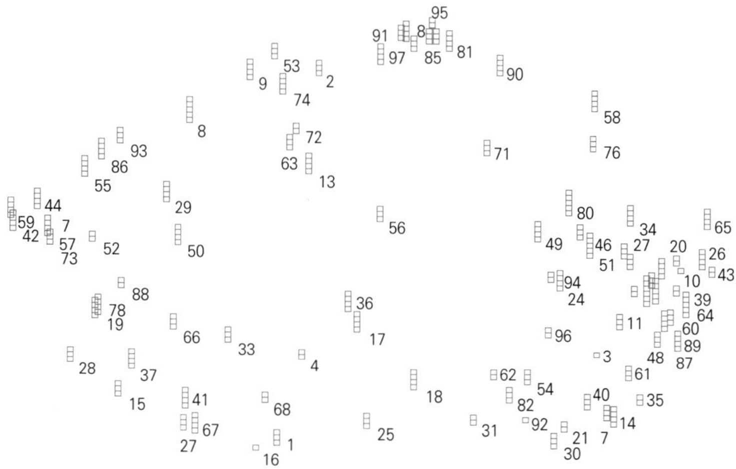

[그림 10] 군집 평정 지도(clutser rating map)의 예(Kane & Trochim, 2007: p.125)

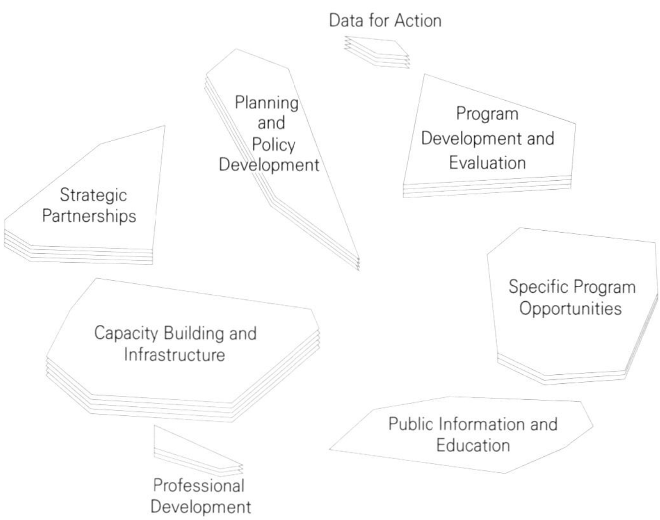

[그림 11]은 패턴 매칭(pattern matching)의 예시이다. 패턴 매칭은 기본적으로 개념도 지도의 구조가 어느 정도 결정이 된 이후에, 연구에서 중요하게 보고자 하는 요소별 또는 참가자 그룹별로 개념 인식의 패턴을 비교하고 일치하는지 여부를 그래프로 도식화하는 작업을 말한다. Kane과 Trochim(2007)이 소개한 [그림 11]은 '건강한 노화'를 주제로 한 연구 프로젝트에서 노화(Aging) 기관과 공공보건(Public Health) 기관 참여들이 인식하는 각 군집에 대한 중요도 인식의 차이를 패턴 매칭 방식으로 보여주고 있다.

[그림 11] 패턴 매칭(pattern matching)의 예(Kane & Trochim, 2007: p.126)

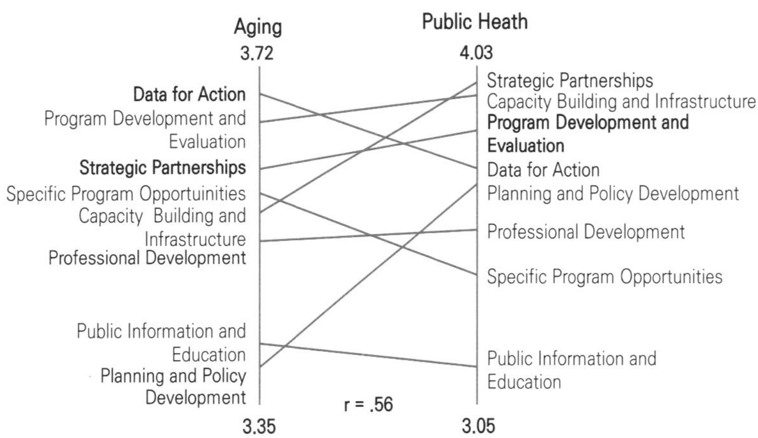

[그림 12]는 Go-zone의 예시이다. 이것은 두 변수 사이의 관계를 보여주는 일종의 그래프라 할 수 있다. 일반적으로 Go-zone은 각 군집별로 그리게 되며, 해당 군집의 Go-zone의 내용을 탐색함으로써 각 진술문들에 대한 각 군집 간의 상대적 차이를 확인할 수 있다.

[그림 12] Go-zone의 예(Kane & Trochim, 2007: p.129)

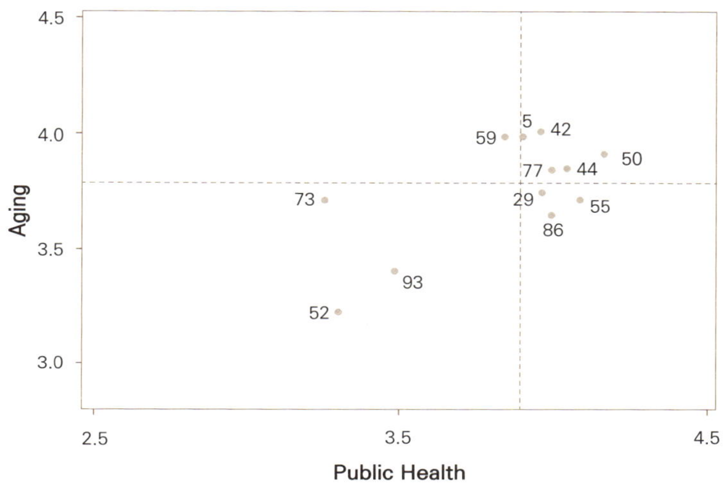

6단계: 개념도 활용 단계 (그림 13 참조)

이 단계는 도출된 개념도를 계획 또는 평가 등의 목적으로 활용하는 단계를 말한다. 개념도 연구방법은 수행한 목적에 맞게 다양하게 활용될 수 있는데 연구참여자들의 요구를 평가하거나, 특별한 프로젝트를 수행하기 전 계획단계에서 활용할 수 있다. 예를 들어 개념도를 도출한 이유가 특정 집단상담 프로그램을 개발하기 위한 기초자료를 수집하는 것이라면 군집을 프로그램 활동을 구조화하는 데 사용할 수 있고, 척도 개발을 위한 것이라면 군집과 진술문들을 척도의 하위 구성요소로 사용할 수 있다.

[그림 13] 개념도 활용(프로그램 또는 프로젝트의 계획과 평가 등) 단계(Kane & Trochim, 2007: p.158)

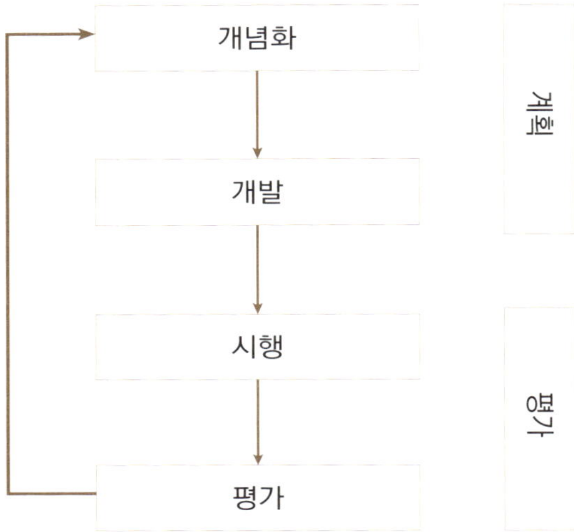

3 상담학 분야에서의 개념도 연구방법 활용의 의의

개념도 연구방법은 질적인 연구와 양적인 연구의 특성 및 절차들을 절충하고 결합하면서, 연구주제와 관련된 정성적 자료를 보다 객관화시켜 이해하는 데 기여한다는 점에서 의미가 있다. 상담학 분야 연구에서 특정 주제를 직접 경험한 사람들의 경험들을 질적 자료로서 수집하고 분석함에 있어 구조화된 절차를 제공한다는 점, 그리고 양적인 접근을 결합하여 질적 자료를 분석한다는 점에서 실용적 측면의 의의 또한 지니고 있다. 앞서 언급한 개념도 연구방법의 유용성 외에도 상담학 분야 개념도 연구방법 활용의 의의를 살펴보면 다음과 같다.

첫째, 개념도 연구방법은 상담과정과 성과를 보다 정확히 파악하기 위해서 상담사의 관점과 내담자의 관점을 이해하고 활용할 필요 있는 상담 연구주제에 유용하게 활용될 수 있다. 상담사와 내담자의 상호작용과 이들의 내적 경험이 이루어지는 상담과정에서 상담의 특정 주제에 대한 상담사와 내담자의 경험과 인식체계를 살펴보는 것은 상담학에서 매우 중요한 연구주제에 해당한다. 개념도 연구방법은 연구참여자의 주관적 경험과 연구주제에 대한 인식을 탐구하는 목적에 부합할 뿐만 아니라, 연구참여자의 인식의 흐름에 따라 자료를 분류하고 평정하는 절차도 가지고 있으므로, 일면 현상학적 및 구성주의적 접근도 도입하여 연구를 진행할 수 있다는 점에서 유용하다. 이러한 특성을 반영하여 내담자의 관점을 살펴본 국내 연구로는 집단상담의 치료적 요인에 관한 집단상담 참여자의 지각에 관한 연구(구승영, 김영근, 2019), 청소년 내담자가 지각하는 작업동맹 형성에 대한 연구(권윤정, 장재홍, 2017), 내담자가 인식하는 효과적인 상담자의 행동, 반응, 태도에 관한 개념도 연구(김은하, 김현준, 김이윤, 김주영, 2018) 등이 있다. 상담사의 관점을 살펴본 연구 또한 활발히 이루어지고 있는데 초심상담자와 숙련상담자가 지각하는 내담자 강점과 활용방안에 대한 연구(권혜경, 이희경, 2013), 상담자가 인식한 작업동맹 위기 표지에 관한 연구(민경화, 김창대, 2014), 상담자가 지각한 상담성과를 가져오는 상담자 요인에 대한 개념도 연구(박수영, 최한나, 2013) 등이 진행되어왔다. 여기서 한 발 더 나아가 한 연구 안에서 상담사와 내담자의 관점을 비교하여 수행한 연구들도 있는데 이현아와 이기학(2010)은 학교상담의 도움요소와 불만족요소에 대한 중학생 내담자와 전문상담교사의 인식을 비교하는 연구를 개념도 연구방법을 활용하여 수행하였으며, 김대원, 김영주, 이지원 그리고 장재현(2013)은 초심 상담수련생과 내담자가 겪는 조기종결 경험에 대한 연구를 개념도 연구방법을 활용하여 수행한 바 있다. 이러한 상담사와 내담자의 인식과 관점 탐색에 활용된 개념도 연구방법은 기존의 상담 이론이 주는 정보 외에 상담장면에서 체험되고 있는 상담사와 내담자의 인식과 지각에 대한 경험적인 정보를 제공한다는 점에서 상담실무를 위한 기초자료를 구축하는 데 유용한 연구방법이라고 할 수 있다.

둘째, 앞서 언급한 것처럼 개념도 연구방법은 사전 참조자료나 확립된 이론체계가 부족한 상담 분야 연구에도 적합한(Johnsen et al., 2000; Paulson et al., 1999) 유용한 상담연구방법이다. 연구참여자들로부터 얻은 질적 데이터를 구조화된 절차로 분석하고 연구참여자들의 집합적인 인식을 도출해낸다는 점에서 현상에 대한 개념이 아직 확인되지 않은 상담주제에 적용될 수 있다는 장점을 가지고 있다. 예를 들어 자살위기상담는 연구 수행이 쉽지 않고 그 중요도에 비해서 아직 충분한 참고자료가 많지 않으며 확립된 이론체계가 부족한 상황인데, 최근 Park과 Kim, 그리고 Shin(2022)은 자살시도 내담자와 10회기 이상 상담을 진행한 국내 숙련상담사를 대상으로 치료적 개입에 대한 개념도 연구를 수행하여 “안전 확보”, “내담자 적극적 옹호”, “대처기술교육”, “내담자 자살위기 사례개념화”, “정서 확인 및 타당화”, “임파워먼트”, “상담사 자기개방”, “상담사 자기인식 및 조절”의 8개의 군집을 도출하였으며, 이로부터 자살위기 내담자를 위한 치료적인 개입에 대한 고찰을 시도하였다. 개념도 연구방법으로 도출된 결과들은 자살위기상담의 치료적 개입에 대한 확립된 이론 체계가 부족한 상황에서 향후 자살위기상담을 위한 개념의 틀을 마련하는 데 기초자료로 활용될 것으로 여겨진다. 이외에도 새로운 분야의 개념적 틀을 탐색하기 위해 수행된 개념도 연구의 예로는 청소년미혼모가 지각하는 학업복귀의 장애요인(박현미, 최한나, 2016), 20대 여성이 인식하는 미묘한 성차별에 대한 연구(강혜원, 이정윤, 2020), 여성의 자발적 경력 변경 영향 요인에 대한 연구(김나래, 이기학, 2016), 중년 성인의 적응유연성 보호요인에 관한 연구(고경희, 이정윤, 2018), 워킹대디의 육아휴직 경험에 관한 개념도 연구(박지현, 주영아, 2020), 학생 자살 후 교사의 애도 경험에 관한 연구

(서정일, 이화연, 김가연, 이동귀, 2021), 기업상담소 방문 결정 이유에 관한 연구(김선경, 전재영, 2012), 초등영재의 진로상담 요구분석에 관한 연구(김보미, 이신동, 2017), 초등교사가 지각하는 효과적인 학부모 상담 전략에 관한 연구(김선경, 안도현, 2015), 전문상담교사 자문 역할 수행의 장애요인 탐색(김지연, 2019), 전문상담교사의 소진경험에 대한 개념도 연구(박근영, 임은미, 2014) 등이 있다. 이처럼 개념도 연구방법은 연구참여자를 적극적으로 참여시켜 이들로부터 구조화된 절차에 따라 질적인 자료를 확보하고, 이를 양적 방법을 통해 구조화한다는 점에서 현상에 대한 개념이 아직 확인되지 않은 경우 유용하게 활용할 수 있는 혼합연구방법론이라 할 수 있다(민경화, 최윤정, 2007).

셋째, 개념도 연구방법은 프로그램 개발을 위한 기초자료 마련에 활용 가능하다는 장점을 가지고 있다. Trochim(1989)이 개념도를 하나의 연구절차로 처음 소개했을 때, 주로 프로그램의 개발과 평가를 위해 활용되었다. 이를 보여주듯 Kane과 Trochim(2007)의 저서 "Concept mapping for planning and evaluation"은 연구방법론을 소개한다기보다는 프로그램 개발과 평가를 위한 일련의 과정을 소개하는 안내서이다. Kane과 Trochim은 프로그램을 개발하고 평가하는 일련의 과정에서 관련된 다양한 이해관계자들의 의견을 프로그램 개발 초기에 개념도 연구방법을 활용하여 분석하는 절차를 통해 명료화하였다. Kane과 Trochim은 개념도가 각 분야의 프로그램을 개발하고 시행하며, 효과에 대한 평가가 많이 요구되는 학문 분야에서 활용도가 높다고 제안하였다. 즉 요구조사와 프로그램의 세부 구성요소 파악, 구성요소들의 중요성과 실행가능성 평가, 프로그램의 효과 평가에 이르기까지 프로그램 개발 전 과정에 일관된 절차와 지침을 제공해주는 데 활용될 수 있다. 상담학 분야의 연구주제 중에도 다양한 집단상담 및 교육 프로그램 개발의 필요성이 대두되는 만큼, 개념도 연구방법은 프로그램 개발부터 평가에 이르기까지의 전체 과정이 일관성 있게 진행되도록 하는 데 기여할 수 있다는 점에서 유용하게 활용될 수 있을 것으로 기대된다.

이렇게 프로그램 개발에 활용된 국내 연구로는 김보미와 이신동(2017)의 연구가 있다. 이들은 개념도 연구방법을 활용하여 초등학교 영재학생 6학년 12명을 대상 진로상담 요구를 탐색하였고, 그 결과, 직업에 대한 이해 및 정보, 직업선택에 대한 합리성, 직업에 대한 적성과 타인의 시선, 직업의 지향성, 직업에 대한 가치관 등 초등 영재학생들을 위한 진로 상담 프로그램의 기초자료로 활용할 수 있는 6개의 군집을 확인할 수 있었다. 또한, 서로 다른 발달단계에 있는 상담사들을 위한 교육 프로그램을 개발하기 위한 기초 연구로 개념도 연구방법이 활용되었는데, 김혜숙와 이기학(2012)은 전문상담교사들 대상으로 경력 단계를 반영한 연수시스템을 체계적으로 구축하기 위해 형성기 전문상담교사(11명)와 성장기 전문상담교사(11명)를 대상으로 개념도 연구를 수행하였다. 이들은 형성기와 성장기의 전문상담교사로부터 교육연구에 대한 아이디어 진술문을 도출하였고, 개념도를 도출하여 경력단계별 연수 요구의 유사점과 차이도를 비교하여 연수시스템을 위한 기초자료를 확보하였다. 프로그램 구성요소 외에 효과 평가를 위해 개념도 연구방법이 국내에서도 활용되었는데, 왕은자와 김계현(2010)은 아직 국내에서 기업상담의 효과에 대한 연구가 거의 진행되지 않은 시점에서 기업상담과 관련된 세 이해관계자, 즉 상담사, 내담자, 관리자로부터 기업상담의 효과에 대한 개념도 연구를 수행하였다. 이들은 세 주체로부터 기업상담의 효과에 대한 진술문을 생성한 후, 유사성 분류와 중요도 및 실현가능성을 각 주체별로 실시하여, 기업상담의 효과에 대한 각 주체의 인식의 연구를 비교하는 연구를 수행하였다. 그 결과, 중요도 측면에서 관리자는 "재방문 및 추천"을 상담사와 내담자는 "개인문제 해결 및 자기성장"을 가장 중요하게 여기는 것으로 나타났으며, 향후 1-2년 이내 실행가능성 측면에서는 세 주체가 모두 "재방문 및 추천"을 가장 높게 평가하였다. 이해관계자에 따른 인식의 공통점과 차이점은 국내에서 기업상담을 수행하는 현장의 실무자들에게 기업상담의 효과 평가에 대한 중요한 기초자료를 제공하였다는 의의를 갖는다. 이처럼 개념도 연구방법은 상담학 다양한 주제에서 프로그램 개발과 평가를 위해 활용될 수 있다는 장점을 가지고 있다.

넷째, 새로이 등장한 현상을 구성하는 개념들의 범주를 탐색하는 데 유용한 개념도 연구방법은 척도개발을 위한 문항 수집에도 유용성을 가지고 있다. 예컨대 Rosas와 Camphausen(2007)은 가족 지원 프로그램의 효과 평가 척도를 개발함에 있어 척도 문항 내용 선정과 하위요소 구성, 그리고 개발된 척도의 타당화 과정 지침을 마련하기 위해 개념도 연구방법을 활용하였다. 국내에서 척도 개발의 타당화 과정으로 다양하게 활용되었는데, 이정윤과 김누리 그리고 정혜연(2017)은 선행연구에서 개념도 연구방법으로 학생들의 학습동기조절전략을 탐색하였고(이정윤, 정혜연, 김지현, 2016), 이를 기반으로 한국형 학습동기조절전략 척도를 개발하였다. 서영주와 김영근(2020)은 기존의 상담성과를 가져오는 상담사 요인에 대한 내담자 지각에 대한 개념도 연구방법을 포함한 귀납적 연구들을 바탕으로 상담사 효과요인 평정 척도를 개발하였다. 이처럼 개념도 연구방법은 상담학 분야 척도 개발을 위한 하위요소들을 탐색하는 데 유용하다고 할 수 있다.

마지막으로, 개념도 연구방법은 연구목적에 따라 절차나 방법의 일부를 변용하여 응용할 수 있다는 장점을 가지고 있다. 예를 들어, 아이디어 진술문 수집방법에서 개별 면접을 실시하여 아이디어 진술문을 수집할 수도 있지만, 집단 면접을 활용하는 방법(유성경, 임지숙, 손은영, 2016; 이지연 외, 2013; 최한나, 김삼화, 김창대, 2008; 이현아, 이기학, 2010), 서면으로 수집하는 방법(김은하 외, 2018; 양명주, 김가희, 김봉환, 2016), 선행연구로부터 진술문을 확보하는 방법(Tracy et al., 2003) 등 연구자의 연구 목적에 따라 다양하게 응용할 수 있다. 또한, 개념도 연구로 최종 도출되는 시각적 표상을 제시하는 방법도 연구 목적에 따라 연구자가 다양하게 변형하고 응용할 수 있는데, 포인트 지도(point map), 군집 지도(cluster map), 포인트 평정 지도(point rating map), 군집 평정 지도(cluster rating map), 패턴 매칭(pattern matching), Go-zone 등의 방법으로 제시할 수 있으며, 이를 서로 다른 집단의 비교에 활용할 수 있고, 더 효과적인 전달을 위해 일부 변형하여 활용할 수 있다는 장점도 지니고 있다.

한편, 개념도 연구방법에도 몇 가지 제한점이 있으므로, 연구 수행 시 고려할 필요가 있다. 첫째, 연구참여자들이 초점질문에 대한 아이디어 진술문을 생성하고 이후 아이디어 진술문 유사성 분류와 중요도 평정에 참여하기 위해서는 높은 지적 능력과 자신의 경험에 대해 충분히 표현할 수 있는 의사소통능력을 요구한다. 따라서, 충분히 교육을 받고 높은 수준의 성찰능력을 가진 연구참여자가 적합할 수 있으며(Riger, 1999), 그렇지 않은 경우, 연구참여자가 아이디어를 생성하는 데 어려움을 경험하거나, 유사성 분류 중도에 연구 참여를 포기할 수 있다는 현실적인 한계가 존재한다. 둘째, Kane과 Trochim(2007)의 제안대로, 연구참여자가 아이디어 진술문 생성, 유사성 분류 및 중요도 평정, 통계분석 결과로 도출된 차원과 군집 해석, 개념도 결과의 활용이라는 전 과정에 참여하는 것이 연구참여자의 경험과 의미체계를 충실히 반영할 수 있는 이상적인 방법이지만, 결국 연구자가 결과 해석과 논의를 기술하기 때문에, 연구참여자 관점의 충실한 반영이 실현되기 어렵다는 한계가 있다. 셋째, 국내 상담학 분야 개념도 연구방법은 주로 10-20명의 연구참여자들이 참여하며, 평균 진술문 수는 60여 개로 조사(최윤정, 2019)되고 있는데 이는 연구참여자의 수와 진술문의 수가 많을수록 연구를 수행하는 데 소요되는 시간과 에너지가 많이 요구되기 때문에 현실적인 한계를 반영한 것으로 볼 수 있다. 또한, 학술지인 경우, 페이지 분량 때문에 혼합연구방법임에도 불구하고 질적인 데이터를 거의 포함하지 못하고 양적 데이터 측면에 해당하는 개념도 지도와 최종진술문만 제시한다는 한계를 가지고 있다. 글쓰기에서도 혼합 연구로서의 개념도 연구방법을 잘 드러낼 수 있는 연구자의 고민이 필요하다고 할 수 있다. 마지막으로, Trochim(1985)이 언급하였듯이 개념도 연구방법은 신뢰도와 타당도를 검증하는 것이 쉽지 않다는 한계가 있다. 여섯 단계에 걸친 과정들을 포함하고 있고 이 과정에서 신뢰도와 타당도를 검정하는 데에 어려움이 존재한다. 신뢰도와 타당도 검증을 위한 여러 제안들이 시도되고 있지만, 아직 연구자들 간에 합의된 부분이 많지 않고, 실제 국내 연구에 반영된 부분이 미미하다는 점이 향후 개념도 연구방법을 수행하는 연구들이 풀어야 하는 과제로 여겨진다.

개념도 연구방법의 한계점에도 불구하고, 최근까지 상담학 분야에서 개념도 연구방법으로 수행된 연구와 결과 보고가 꾸준히 이어지고 있다. 최윤정(2019)은 2004년부터 2019년까지 국내 상담학 분야에서 개념도 연구방법으로 수행된 연구물 67편에서 산출된 106개의 개념도에서 나타난 양적 자료를 수집하여 개념도 연구방법의 주제별 동향 및 각 단계에서 나타나는 특징을 분석하였다. 그 결과, 개념도 연구방법의 연구참여자가 속한 장면은 주로 대학 상담센터, 학교, 기업체 등으로 실제 임상이 이루어지는 장면을 중심으로 하는 것으로 나타났다. 특히, 상담사를 대상으로 폭넓은 주제로 많은 연구들이 수행되었는데, 학교상담, 기업상담, 진로상담, 다문화상담, 수퍼비전, 상담과정 등 다양한 분야에서 국내 상담사의 인식을 경험적으로 탐색하기 위해 개념도 연구방법이 폭넓게 활용되는 것으로 나타났다. 앞서 언급한 것처럼 개념도 연구방법은 몇몇 제한점을 가지고 있지만, 연구방법론으로서의 가치와 유용성이 충분하기 때문에 향후 상담학 분야 연구에서 활용도는 더욱 높아질 것으로 예상된다. 이제 본서 2장에서 이러한 유용성과 장점을 살려서 어떻게 개념도 연구를 수행할 수 있을지에 대해, 실제 연구사례(박애실, 2020)를 중심으로, 연구절차별로 살펴보기로 한다.

CHAPTER

02

개념도 연구방법을 적용한 연구 수행

1. 연구주제 정하기
2. 초점질문 개발 (Step 1)
3. 연구참여자 선정 (Step 1)
4. 연구설계하기 (Step 1)
5. 문헌고찰과 연구자의 경험을 통한 연구주제 감수성 키우기
6. 윤리적 이슈에 대한 고려
7. 아이디어 진술문 생성 (Step 2)
8. 진술문 구조화 (Step 3)
9. 개념도 분석 (Step 4)
10. 결과 해석 (Step 5)
11. 연구타당성 평가
12. 개념도 활용 및 글쓰기 (Step 6)

CHAPTER 02

개념도 연구방법을 적용한 연구 수행

앞서 1장에서 언급했듯이, 개념도 연구방법은 연구참여자가 특정 현상을 어떻게 자신의 내면에 구성하고 있는지 탐색하는 데 초점을 두고 있으며, 이를 객관적이고 표준화된 절차로 진행하는 독특한 연구방법이다. 특정 주제에 대한 연구참여자의 주관적 경험을 질적인 접근으로 자료를 수집하지만, 수집된 자료를 다차원척도법과 군집분석이라는 양적인 방법을 이용하여 연구참여자의 지각에 대한 시각적인 자료를 제시한다는 점에서 양적 연구와 질적 연구 중간에 위치하고 있으며, 혼합연구방법이라고 불리기도 한다. 상담학 연구는 인간의 개별 특수적인 주관적인 경험을 주제로 하면서, 표준화된 절차로 보편적인 접근을 한다는 점에서 개념도 연구방법과 매우 비슷한 부분이 있으며, 따라서 개념도 연구는 상담학 주제들을 연구하기에 매우 유용한 연구방법론이라고 할 수 있다. 이 장에서는 상담학 분야에서 개념도 연구방법을 적용하여 연구주제를 선정하는 것에서부터 시작하여 논문을 작성하기까지의 과정을 Kane과 Trochim(2007)이 제시하는 여섯 단계로 설명하고자 한다. 상담학 연구에서 개념도 연구방법의 유용성을 적극 활용하고자 하는 독자들을 위해, 연구절차 각 단계마다 저자의 박사학위 연구(박애실, 2020) 경험을 예시로 활용하고, 연습문제를 통해 자신의 연구에 적용해 볼 수 있도록 구성하였다.

1 연구주제 정하기

연구의 시작은 연구의 주제를 정하는 것에서 시작한다. 상담학은 인간의 마음과 관계, 삶에 대한 방대한 주제를 다루는 학문이기 때문에, 자신의 관심 주제에서 연구주제를 정하는 것을 추천한다. 연구는 완성되기까지 오랜 시간이 걸리기 때문에, 자신의 관심 주제를 연구한다면 힘든 여정을 지나갈 수 있는 동기를 유지할 수 있다. 혹시 독자가 상담 임상경험이 풍부하고 연구를 이제 막 시작한다면, 자신이 상담현장에서 접한 대상이나 주요 이슈를 연구주제로 정하는 것도 좋은 방법이라고 생각한다. 이때, 자신의 개인적인 경험이 연구에서 편견을 가지고 올 수 있으므로 주의해야 한다. 석사 박사과정에서 자신의 관심 주제에 대한 여러 국내외 논문을 탐독한다면, 자신의 연구를 수행하는 데 더욱 도움이 될 것이다.

저자의 연구(박애실, 2020) 경험에서 연구주제를 정하게 된 과정과 개념도 연구방법을 선정하게 된 과정을 소개하면, 저자는 박사과정을 입학하기 이전에 다양한 내담자와 함께 일을 해왔다. 이 중 가장 도전이 되는 상담 영역은 자살위기상담이었고, 어떤 개입을 제공해야 내담자에게 도움이 되는지에 대한 관련 도서와 연구를 찾기가 매우 힘들었다. 자살위기상담에 지속적으로 관심을 갖고 있던 저자의 상담 경험은 '자살위기상담의 치료적인 개입요인'으로 박사학위 논문 주제를 선정하게 되는 배경이 되었다.

그다음, 이 연구주제를 가장 잘 풀어낼 수 있는 연구방법론은 무엇인가를 찾아가는 과정이 시작되었다. 저자의 관심은 자살위기상담 수행에 도움이 되는 치료적 개입 목록을 탐색하는 데에 있었다. 또한, 개입 목록을 나열식 정보가 아닌, 이들 목록을 잘 조직화하여 상담사 훈련과 교육에 도움이 되는 연구방법론을 찾고 있었다. 이를 위해 우선 질적연구방법론과 양적연구방법론, 혼합연구방법론 등 상담학 분야에서의 연구방법론에 대한 기본적인 방법을 익혔고, 상담학 분야에서의 상담과정 연구에 대한 다양한 논문들을 읽으면서 적합한 연구방법론을 찾는 작업을 계속해서 해나갔다.

자살위기상담은 워낙 긴박하고, 빠른 시간 안에 대처를 해야 하기 때문에, 실험연구를 활용하기에는 어렵다고 판단하였다. 또한, 상담사가 제공하는 상담 개입을 자세히 탐색하기 위해서는 양적 연구보다는 질적 연구 혹은 혼합 연구가 더 적합하다는 생각이 들었다. 이 과정에서, 상담 분야에서 질적 연구와 혼합 연구를 활용하여 상담과정을 연구한 연구자들에게 지속적으로 자문을 구하였다. 또한, 연구방법론 워크숍을 수강하여 더 깊이 있게 연구방법론에 대해 익혔다.

본 저자가 개념도 연구방법을 선택하게 된 이유는 참여자들이 특정 현상을 어떻게 이해하고 있는지 그 내용(아이디어)을 이해하는 데 도움이 되며, 자료들을 양적인 접근(다차원척도법과 군집분석)을 이용해 참여자들이 특정 개념을 이해하는 방식을 2차원의 좌표에 시각적으로 제시해주기 때문이었다. 자살위기상담에서 상담사들이 제공한 개입의 목록과 상담사들이 이들 개입 목록에 대한 개념을 자신의 인지구조 안에 어떻게 구조화하고 있는지 탐색하는 데 있어서 개념도 연구방법이 본 연구의 목적에 가장 부합하는 연구방법론이라고 생각하였다. 이에 지도교수님과 심사위원 교수님들의 승인을 얻어 본격적으로 연구를 착수하였다.

자신의 관심 주제를 연구주제로 선정하고, 자신의 연구주제를 가장 잘 보여줄 수 있는 연구방법론을 찾는 과정은 초보 연구자에게 쉽지 않은 과정일 수 있다. 하지만, 이 과정은 모든 연구에서 가장 중요한 기초 작업이라 할 수 있다. 다음의 연습문제를 활용하여 자신의 연구주제를 선정해보길 바란다.

자신의 연구에 적용하기 1

1. 상담 분야에서 나의 관심사를 브레인스토밍해 보자.

1) 현재 나의 관심 있는 연구주제를 하나 적어보자.

2) 연구주제를 관심 갖게 된 배경을 적어보자.

3) 연구주제에서 나는 무엇을 발견하고 싶은가?

4) 이 연구가 갖는 의의를 적어보자.

자신의 연구에 적용하기 1

2. 나의 연구주제를 잘 드러내기 위해 개념도 연구방법이 적합하다고 생각한다면 다음을 정리해보자.

1) 선행연구

2) 연구방법론 관련 수업 혹은 워크숍 참여 소감

3) 연구 전문가의 자문

4) 지도교수의 견해

개념도 연구에서 연구의 목적은 특정 주제/현상/개념에 대해 참여자들의 주관적인 경험과 인식을 탐색하고 이해하는 것이다. 연구의 목적에 다음을 포함할 수 있다.

- 참여자가 인식하는 특정 주제/현상/개념에 대한 아이디어의 내용
- 참여자가 인식하는 특정 주제/현상/개념에 대한 아이디어의 차원과 군집
- 특정 주제/현상/개념에 대한 아이디어에 참여자가 부여하는 상대적 중요도

연구주제가 정해지면 연구가 포함될 범위(scope)와 전략적 초점 그리고 연구참여자를 결정해야 한다(Kane & Trochim, 2007). 저자의 박사학위 논문(박애실, 2020)에서 연구주제는 자살위기상담에서의 치료적 개입이었다. 저자의 전략적 초점은 숙련상담사가 인식하는 치료적 개입이었으며, 상담사의 개인적인 특성인 요인이 아닌, 상담과정에서 제공할 수 있는 개입(요인)이었다. 구체적으로는 개입요인의 내용을 도출하고, 숙련상담사가 이들 개입요인을 어떠한 차원과 군집으로 인식하고 있는지 확인하며, 개입요인에 부여하는 상대적 중요도를 탐색하는 것이었다. 그에 따라서, 연구문제를 다음과 같이 설정하였다.

연구문제. 숙련상담사가 인식하는 자살위기상담의 치료적인 개입요인은 무엇인가?

1-1. 숙련상담사가 인식하는 자살위기상담의 치료적인 개입요인의 구체적인 내용은 무엇인가?
1-2. 숙련상담사가 인식하는 자살위기상담의 치료적인 개입요인의 차원과 군집은 무엇인가?

1-3. 자살위기상담의 치료적인 개입요인에 대해 숙련상담사가 부여하는 상대적 중요도는 어떠한가?

독자들도, 연구주제가 정해지면 연구가 포함될 범위와 전략적 초점 그리고 연구참여자를 결정하여 연구문제를 구체적으로 세워보길 바란다. 초점질문을 형성하고 연구참여자를 선정하는 구체적인 방법은 이후에 논의할 예정이다.

자신의 연구에 적용하기 2

1. 나의 연구주제를 적어보자.

2. 연구가 포함할 범위와 전략적 초점을 적어보자.

3. 위의 전략적 초점과 함께, 연구참여자의 대상을 구체적으로 적어보자.

4. 연구문제를 기술하여 보자.

5. 이에 대한 지도교수님, 동료 연구자들, 연구 전문가들에게 자문을 구해보자.

2 초점질문 개발 (Step 1)

Kane과 Trochim(2007)은 자신의 책에서 기관의 계획과 평가단계에서 이해당사자들의 의견을 수렴하는 구조화된 개념도 과정을 제시하였다.[1] 저자는 이들이 제시한 여섯 단계를 상담학 분야 연구 수행에 도움이 되도록 설명하고자 한다. 개념도 연구 준비 단계(Step 1)는 Kane과 Trochim(2007)이 제시한 여섯 단계 중 첫 단계로 초점질문의 개발, 연구참여자 선정, 아이디어 진술문 생성 방법 결정, 전체 연구계획을 준비한다. 이 단계를 섬세하게 숙고해야 이후 연구가 원활하게 진행이 되며, 이때 잘 준비하지 않으면 이후 연구 과정에서 어려움을 겪을 수 있다. 개념도 연구 준비 단계(Step 1)가 상담학 연구 수행에 도움이 되도록 여기서는 초점질문 개발에 대해서 소개하고, 이후 연구참여자 선정 방법과 연구설계에 대해 논의하고자 한다.

연구참여자로부터 아이디어 진술문을 수집하기 이전에, 초점질문(focus statements)에 대한 명확한 진술이 필요하며, 이는 이후 연구자가 연구참여자의 합의된 이해를 돕고, 충분한 아이디어를 이끌어 내는 데 중요하다. 초점질문을 개발하는 과정에서 지도교수, 다른 동료 연구자나 연구 전문가로부터 피드백을 받을 것을 추천한다. 또한, 연구참여자 선정기준에 해당하는 일부 대상으로 예비연구를 실시할 수 있으면 좋다. 많은 연구들이 그런 것처럼, 피드백과 예비연구가 필요한 이유는 면접에 참가하는 참여자가 초점질문의 의도를 이해할 수 있어야 하고, 연구자가 원하는 주제에 대한 아이디어 진술문을 충분히 생성할 수 있는지 확인하는 데 도움이 되기 때문이다.

1 홈페이지를 통해 다양한 자료를 제공하고 있으니 참조하길 바란다.
http://www.billtrochim.net/mapping/mapping.htm
https://www.conceptsystems.com/home

초점질문을 개발한 과정을 저자의 학위논문(박애실, 2020)에서 소개한 예로 설명하고자 한다. 저자의 초점질문은 '자살시도 내담자를 위한 치료적인 개입에는 어떠한 것이 있다고 생각하십니까?'이었다. 저자는 초점질문을 개발하기 위해, 지도교수와 연구 전문가 3인(상담전공 교수 2인, 박사수료생 1인)으로부터 피드백을 받았다. 이들은 모두 개념도 연구를 수행한 경험이 있었고, 자살위기상담 관련 다수의 연구를 진행한 경험을 가지고 있었다. 또한, 상담심리사 1급 혹은 전문상담사 1급 소지자로 자살위기상담을 수행한 경험을 가지고 있었다. 저자는 3명의 연구자에게 1) 자살위기상담의 치료적 개입요인을 상세하게 이끌어 낼 수 있는 정도, 2) 연구참여자들의 의견을 평가하지 않고 자유롭게 이야기를 이끌어 낼 수 있는 정도, 3) 쉽게 이해될 수 있는 정도에 대한 적절성 평가를 요청하였다. 또한, 본 연구를 실시하기 전에 선정기준에 해당하는 3명의 숙련상담사를 대상으로 예비 면접을 실시하여 실제 저자가 얻고 싶은 '자살위기상담의 치료적인 개입요인'이 충분히 얻어지는지 확인하였다. 실시 결과, 연구참여자들은 초점질문의 의도를 충분히 이해하였고, 저자의 연구 목적에 맞는 아이디어를 제시하였다. 예비연구로부터 203개의 아이디어 진술문을 수집하였고, 초점질문을 가지고 본 연구를 실시하기로 결정하였다(예비연구로부터 수집된 아이디어 진술문 일부를 〈예시 1〉에 제시하였다).

<예시 1> **예비연구에서 수집된 아이디어 진술문(일부)**

1. 내담자가 싫어하는 것 같더라도, 내담자 안전에 우선 주의를 기울이고 괜찮은지 확인한다
2. 비용으로 입원을 부담스러워하는 부모를 위해 대안을 같이 찾는다(예: 응급실에 방문하기)
3. 내담자의 자살사고를 지속적으로 점검한다
4. 착취적인 가족들에게 계속해서 돈을 주는 것이 오히려 악순환을 가져옴을 내담자의 행동의 결과를 알려준다
5. 상담사가 직접 동사무소에 전화를 걸어주며, 내담자의 생활에 필요한 스킬을 구체적으로 가르친다
6. 상호작용으로부터 내담자의 이전 기능을 파악해본다
7. 내담자가 자살을 시도하게 된 성장배경을 이해한다
8. 자살시도의 이유와 내담자의 현재 상태를 판단하여 자살시도 추가 가능성을 파악한다
9. 내담자의 힘든 이야기를 듣는 것이 힘들지만, 계속해서 내담자의 고통의 자리에 같이 있어준다
10. 죽고 싶을 때, '괜찮아 할 수 있어'하면 이해받지 못한다고 느낄 수 있으므로, 죽고 싶은 마음일 때는 그 마음을 충분히 공감해준다
11. 지난 회기 상담한 내용을 한 번이라도 생각해보려고 노력한 내담자에게 '하고 싶은 마음은 있지만, 아직 익숙하지 않고 어색하고 마음이 힘들어서 못한 거다'라고 말해주며 실천하려다 말아도 생각만 해도 내담자의 작은 변화를 강화시켜준다
12. 인내하며 진정성을 갖고 희망이 있는 지점을 반복적으로 찾아서 이야기해주며, 내담자가 더 살고 싶고 자신이 할 수 있는 게 더 많이 있을 것 같다는 생각이 들게 돕는다
13. 자신을 무가치하게 여기고, 자신이 없어진들 세상에서 자신을 생각하는 사람이 없다고 믿는 내담자에게, '네가 나한테 의미가 있다'라고 말해주며, 내담자가 상담사에게 의미 있는 존재임을 느끼게 해준다
14. 인생의 더 좋은 날을 살아보지 못하고 내담자가 죽는 것이 안타깝다고 상담사의 마음을 말해준다
15. 비밀보장의 한계는 유지하되, 그 안에서도 내담자에게 보호자에게 말을 안 했으면 하는 것이 있는지 한 번 더 상의한다

출처: 박애실(2020)

초점질문과 함께 길라잡이 문장을 제시할 수 있다. 저자의 연구에서도 연구참여자의 경험을 있는 그대로 편하게 이끌어내는 데 도움이 되도록 〈예시 2〉와 같이 길라잡이 문장을 제시하였다. 내담자의 증상을 언급하고, 상담을 진행하면서 어려웠던 점과 이를 극복하는 과정을 묻는 길라잡이 문장을 제시하였는데, 이 길라잡이 문장은 긴박하고

모호성이 높은 자살위기상담의 개입을 탐색하는 데 도움이 되었다. 실제 예비연구에 참여한 숙련상담사들은 면접에서 자신의 경험을 이야기할 때, 초반에는 '개입을 맞게 한 것인지 잘 모르겠네요.' 주저하면서 자신이 제공한 개입을 나누었지만, 후반으로 갈수록 '이렇게 배운 적은 없지만, 저는 ... 개입이 도움이 된 것 같아요.'라고 말하며 다양한 개입을 보고하는 것을 관찰할 수 있었다.

<예시 2> 최종 초점질문

[길라잡이 문장]

1. 선생님이 상담한 내담자 중에 자살의도를 가지고 자살을 시도한 내담자를 떠올려주시기 바랍니다. 이들은 어떤 증상을 가지고 있었습니까? 가급적 관찰가능한 행동이나 상태를 자세히 말씀해주십시오.
2. 자살시도 내담자를 상담하면서 가장 어려웠던 점은 무엇이었습니까?
3. 어려웠던 점을 극복하는 과정은 어떠하셨습니까?

[초점질문]

자살시도 내담자를 위한 치료적인 개입에는 어떠한 것이 있다고 생각하십니까?

출처: 박애실(2020)

자신의 연구에 적용하기 3

1. 나의 연구주제를 다시 한번 적어보자.

2. 연구주제를 잘 이끌어낼 수 있는 초점질문을 구체적으로 기술해보자.

3. 초점질문에 피드백을 요청할 수 있는 교수님, 동료 연구자를 생각해보자.

4. 예비연구를 실시할 수 있는 방법을 대략 기술해보자.

3 연구참여자 선정 (Step 1)

1) 개념도 연구에서 연구참여자 선정의 중요성

초점질문이 정해지면, 누가 연구참여자로 참여할 것인지 정해야 한다.[2] 개념도 연구에서는 연구자가 보려는 주제를 가장 잘 보여줄 수 있는 대상자를 선정하는 것은 매우 중요한 부분이다. 이들 대상자는 개념도 연구의 질적인 자료들을 제시해주는 자료원 역할을 하며, 연구결과를 타당화하는 과정에서 최소 2회에서 5회까지 참여하게 된다.

2) 연구참여자 선정 방법(표본 선정)

연구참여자의 모집 방법과 적절한 참여자의 수에 대해서는 Kane과 Trochim(2007)이 강조한 부분을 소개하고자 한다. 연구참여자를 모집할 때, 큰 표본으로부터 무선 표집(random sampling)을 하는 것이 이상적일 수 있으며, 이는 개념도의 결과를 일반화하는 데 유용하다. 하지만, 무선 표집은 현실적으로 항상 가능하지 않을 수 있다. Kane과 Trochim은 대부분의 개념도 연구의 목적은 대표적인 대상을 표집하는 데 초점이 있는 것이 아니라, 충분한 양질의 아이디어를 수집하는 데 있다고 강조하였다. 그런 점에서 개념도 연구의 주제와 관련된 충분한 아이디어를 제시할 수 있는 연구참여자들을 비무선표집하는 목적적 표집(purposive sampling)이 이상적일 수 있다.

2 Kane과 Trochim(2007)은 이해관계자(stakeholders)로 명명하였지만, 저자는 상담학 연구에서 개념도 연구방법 활용에 초점을 두고자 연구참여자로 명명하고자 한다.

3) 연구참여자의 수(표본의 크기)

개념도 연구방법에 연구참여자의 수에 대한 정확한 기준은 없지만, 많은 사람들이 참여하는 것이 이상적일 수 있다. 하지만, 실제로는 많은 개념도 연구에서 소수의 사람들이 참여하는데, 연구참여자가 많을수록 분석해야 하는 정보의 양이 많아지기 때문이다. 또한, 연구참여자의 수가 많아질수록 연구 일정을 조율하는 과정이 쉽지 않다. Kane과 Trochim(2007)은 최소 10명에서 40명 이하의 사람들이 참여할 수 있다고 제시하였으며, 연구참여자들의 적극적인 참여를 통해 충분한 의견을 수집하는 것이 중요하다고 강조하였다.

4) 연구참여자 선정의 예

연구참여자를 목적적 표집으로 선정할 경우, 선택 준거에 대한 명료한 정의가 중요하다. 준거에 의한 선택, 즉 준거지향적 선택은 연구자가 연구의 각 단위들이 충족시켜야 할 일련의 준거를 설정한 후, 이에 부합하는 연구참여자를 선정하는 방식으로 이루어진다(Goetz & LeCompte, 1984). 이런 준거지향적 선택은 상담학 연구에서 많이 사용되는 방법이다. 연구자는 연구문제에 영향을 주는 경험적 · 이론적 요소를 확인하고 이에 근거하여, 연구참여자 집단의 특징들에 대한 일련의 준거를 개발하며 이 준거에 따라 참여자를 모집한다(Wolcott, 1973; 박승민 외, 2012 재인용).

저자의 학위논문(박애실, 2020)에 소개된 내용을 예시로 연구참여자 선택 준거를 선정하는 과정과 준거에 따른 연구참여자 모집 과정을 설명하고자 한다. 개념도 연구에서 참여자 선정은 연구주제의 초점을 가장 잘 설명할 수 있는 대상자를 표집하는 것에서 시작한다. 저자의 학위논문에서는 '자살위기상담의 치료적 개입요인을 설명할 수 있는 숙련상담사'에 초점을 두고 상담사를 선정하고자 하였다. 이를 위해서 필자는 두 가지 질문에 대답을 해야 했다.

질문 1. '자살위기'를 어떻게 측정할 것인가? 혹은 어떤 준거로 정의할 것인가?

질문 2. '자살위기상담에서의 숙련상담사'의 기준을 어떤 준거로 정의할 것인가?

이에 대한 답을 찾아가는 과정을 통해 저자는 연구참여자 선정기준을 '자살시도 내담자와 10회기 이상 상담을 진행하고 종결을 하거나, 종결을 준비 중인 상담경력 5년 이상의 상담사'로 정하였다. 그 과정을 구체적으로 소개하면 다음과 같다.

(1) 자살위기 사례 선정기준

'자살위기'를 어떻게 측정할 것인가? 혹은 어떤 준거로 정의할 것인가?

저자는 선행연구들을 살펴보면서 자살의도가 없는 자해, 자살의도가 있는 자살시도, 완결된 자살(completed suicide)을 혼합하여 자살위기로 지칭하는 등 '자살위기'의 정의에 대한 전문가 간의 합의가 아직 부족하다는 것을 발견하였다. 또한, 자살 관련 행동의 분류에 따라 상담사의 개입이 달라질 수 있기 때문에 자살 관련 행동의 범위를 한정하는 것이 필요하다고 보았다. 따라서 저자는 자살시도에서 자살의도가 중요한 변인이라는 연구(Stengel & Cook, 1958)와 자살시도의 과거력이 완결된 자살을 가장 유력하게 예측하는 변인이라는 연구(Jenkins et al., 2002; Mann, 2002; Nordentoft & Rubin, 1993)를 참조하여, '자살위기'를 '자살의도를 가지고 자살을 시도한 내담자'로 한정하였다.

(2) 숙련상담사 선정기준

'자살위기상담에서의 숙련상담사'의 기준을 어떤 준거로 정의할 것인가?

자살위기상담에서의 숙련상담사의 기준을 세우기 위해서는 일반상담경력과 자살위기상담경력 두 가지를 고려해야 했다. 우선, 일반상담경력은 김계현과 문수정(2000), 손진희(2001)의 선행연구를 참고하여 전체 상담경력이 5년(10학기) 이상인 경우로 정하였다.

다음으로 자살위기상담경력의 기준을 세우기 위해 선행 문헌들을 검토하였는데, 저자는 자살위기전화상담에 대한 국내외 연구들(원근희 외, 2018; Gould et al., 2007; Mishara & Daigle, 1997)이 상담을 유지시키는 요인을 조사하였다는 점에 주목하였다. 이들 연구들이 상담의 유지요인을 조사한 이유는 자살위기상담에서 상담의 유지는 곧 완결된 자살의 지연과 예방을 의미하였기 때문이다. 그다음 질문은 '몇 회기의 상담을 유지한 경우를 숙련상담사로 정의할 것인가?'였다. 이를 위해 상담 회기 용량에 대한 문헌을 조사하였다. 상담에서 절반 이상의 내담자가 신뢰할만한 수준의 긍정적인 변화를 경험하기 위해서는 최소 10회기가 필요하다는 Harnett et al.(2010)의 연구를 참여하여 최소 10회기를 유지시킨 상담사를 숙련상담사로 정의하였다.

이와 같은 선행연구에 대한 면밀한 조사를 통해 저자의 연구의 아이디어 진술문 참여자의 선정 준거를 '자살시도 내담자와 10회기 이상 상담을 진행하고 종결을 하거나, 종결을 준비 중인 상담경력 5년 이상의 상담사'로 정하였다. 앞서 언급한 것처럼, Kane과 Trochim(2007)은 목적적 표집이 관련된 주제에 대한 상세한 정보를 수집하기 위한 참여자들을 모집하는 데에 유용하다고 제안하였다. 저자의 연구와 같이 아직 현상이 밝혀지지 않고 선행연구가 많지 않은 새로운 주제들을 대상으로 한 개념도 연구들은 실제 눈덩이 표집과 같은 목적적 표집으로 참여자들을 모집하는 경우가 많다.

(3) 연구참여자 모집 과정

저자는 연구참여자들을 모집하기 위해 서울대학교 생명윤리심의위원회의 연구 승인일인 2019년 6월 24일부터 2019년 9월 30일까지 동료상담사, 상담 관련 대학 교수, 상담 관련 기관장 등에게 연락을 하여 본 연구의 목적을 설명하고 협조를 요청하였다. 예상은 했지만, 자살시도 내담자를 대상으로 10회기 이상의 상담을 진행해본 경험을 가진 상담사를 찾는 과정을 순탄하지 않았다. 연구참여자를 모집하기 위해 사람들에게 협조를 요청하는 과정은 연구자에게 쉽지 않은 일임은 분명하다. 저자도 100명이 넘는 사람들에게 연락하였고, 시간과 에너지가 많이 들어가는 과정이었다. 무엇보다 용기가 많이 필요하였다. 하지만, 이 과정에서 많은 사람들의 지지와 응원을 경험하였고, 자살시도 내담자에게 효과적인 개입을 제공한 숙련상담사들을 만나는 행운을 얻었다.

(4) 최종 연구참여자 대상 선별

추천을 받아 본 연구에 참여 의사를 밝힌 경우에도 다시 한번 참여자 모집의 글을 먼저 안내하여, 자발적으로 참여를 원하는지 자신의 의사를 다시 한번 표현하도록 요청하였다. 참여자 모집의 글에는 본 연구의 목적, 기밀유지에 대한 서약, 면담참여과정에서 발생할 수 있는 위험성에 대해서 고지하였다. 참여를 희망한 참여자들을 대상으로 저자는 최종적으로 선정기준에 부합한지 한 번 더 확인을 하였고, 최종 15명의 상담사가 본 연구에 참여하게 되었다.

자신의 연구에 적용하기 4

1. 나의 연구주제와 초점질문을 다시 한번 적어보자.

2. 나의 연구주제를 가장 잘 드러낼 수 있는 연구참여자에 대한 대략적인 준거를 적어보자.

3. 연구참여자 선정준거를 마련하기 위해 사용할 출처(문헌자료 등)를 적어보자.

4. 희망하는 연구참여자의 수는 몇 명인가?

5. 연구참여자를 어떻게 모집할 것인가?

4 연구설계하기 (Step 1)

1) 자료수집 방법

개념도 연구를 진행할 때 아이디어를 수집하기 위한 브레인스토밍을 어떤 방법으로 진행할지 결정을 해야 한다. 브레인스토밍을 진행하는 방법으로 개별 면담, 집단 면담, 서면 조사, 복합 방법 등이 있다. Kane과 Trochim(2007)은 연구참여자를 직접 만나 진행하는 방법이 아이디어를 수집하는 데 가장 효과적이라고 강조하였다. 하지만, 참여자들의 지리적 위치와 이동 가능성, 연구 진행 기간 등 여러 가지 현실적인 조건들을 고려할 필요가 있다. 직접 만나서 아이디어를 수집하는 방법 외에 이메일, 우편을 활용하는 방법이 있다. 최근에는 Zoom과 같은 실시간 화상매체를 활용한 참여 방법도 사용하고 있다.

개념도는 연구참여자의 지각과 인식을 탐색하고, 이를 잘 드러내도록 연구참여자의 적극적인 참여가 매우 중요하다. 연구참여자가 초반 브레인스토밍 이후에도 연구 과정 전반에 지속적으로 참여하게 되는데 연구자는 이에 대한 참여 방법도 고려할 필요가 있다. 예를 들어, 면담으로부터 추출된 기초 아이디어 진술문이 연구참여자의 생각과 의견을 잘 반영하였는지 검토하는 과정, 기초 아이디어 진술문을 종합 및 편집하여 최종진술문을 정하는 과정에서 연구참여자의 피드백이 필요하다. 무엇보다 유사성 분류와 중요도 평정이라는 중요한 후반 작업이 있으며, 이후에도 최종 군집명을 정하기 전에 연구참여자의 의견을 반영하는 과정이 남아있다. 연구참여자의 참여는 개념도 연구방법의 타당도를 높이는 데 있어서 중요한 부분이다. 여러 명의 연구참여자가 여러 차례 연구에 참여한다는 것은 어려운 부분임에 틀림없다. 연구자는 연구를 설계할 때에 이에 대한 준비를 미리 해야 할 필요가 있다.

2) 연구 과정

개념도 연구방법은 질적 연구와 양적 연구를 모두 포함하고 있고 필수적인 구조화된 절차들로 구성되어 있다. 따라서 연구자는 개념도 연구방법으로 연구를 수행할 때 이들 전체 절차에 대해 사전에 이해하고 세심하게 준비할 필요가 있다. 독자의 이해를 돕고자 저자의 박사학위논문 연구의 전체 연구 과정을 〈예시 3〉에 제시하였다.

연구주제를 탐구하고 결정하는 것부터, 연구참여자 선정 및 자료수집 방법의 결정, 브레인스토밍을 이용한 기초 아이디어 진술문 생성, 아이디어 진술문 종합 및 편집, 유사성 분류 및 중요도 평정, 개념도 분석, 차원과 군집의 수 결정 및 명명, 개념도 지도로부터 함의 도출, 논문의 글쓰기 작업까지 최소 1년 이상이 소요된다. 개념도는 연구참여자들이 연구 전반에 참여하기 때문에, 연구참여자들의 협조가능성이 중요하다. 연구참여자들의 스케줄을 고려할 경우, 연구 기간은 더 길어질 수 있다. 연구참여자들이 편한 환경에서 집중해서 면담에 참여하고, 유사성 분류와 중요도 평정에 참여하는 것은 좋은 연구를 위해서는 매우 중요하다. 또한, 기초 아이디어 진술문을 추출하는 단계와 군집명을 정하는 과정에서 연구참여자의 의견을 반영하는 것은 이들의 인식을 개념도 결과에 반영하는 타당도 측면에서 매우 중요하다. 따라서 연구자는 충분한 기간을 가지고 연구를 수행할 필요가 있다.

<예시 3> **본 연구의 연구절차**

1단계: 예비연구

문헌고찰을 통한 초점질문 예시 구성
자살위기상담의 치료적인 개입요인에 대한 초점질문 적절성 검토 및 수정
예비연구를 통한 아이디어 진술문 수집

↓

2단계: 자살위기상담의 치료적인 개입요인을 나타내는 아이디어 진술문 산출

브레인스토밍 방식의 개별 면접을 통한 아이디어 진술문 수집
숙련상담사 총 15명 참여

↓

3단계: 자살위기상담의 치료적인 개입요인 진술문 목록 제작

자살위기상담의 치료적인 개입요인에 해당하는 내용 목록 1263개 추출
합의팀 3인은 참여자 2인 이상이 보고한 715개 목록을 유사한 문장끼리 묶고
적절성 검토, 85개 대표진술문 생성
전문가 평정 후 수정, 최종 77개 진술문으로 축약

↓

4단계: 자살위기상담의 치료적인 개입요인의 유사성 분류와 중요도 평정

진술문 카드를 활용하여 유사성을 분류하고 진술문의 중요도를 평정

↓

5단계: 개념도 분석

다차원척도 분석과 위계적 군집분석을 실시하여, 차원과 군집의 수를 결정

↓

6단계: 개념도 해석 및 활용

자살위기상담의 치료적인 개입요인에 대한 차원과 군집 해석

출처: 박애실(2020)

자신의 연구에 적용하기 5

1. 어떠한 방법(개별 면접, 집단 면접, 서면 조사 등)으로 브레인스토밍을 할지 계획을 세워보자.

2. 어떠한 방법으로 유사성 분류와 중요도 평정을 실시할지 계획을 세워보자.

3. 어떠한 방법으로 연구참여자의 피드백을 받을지 계획을 세워보자.

4. 해당 방법은 연구 수행에서 어떤 부분에서 유익한가? 혹은 어떤 부분에서 어려움이 예상되는가?

자신의 연구에 적용하기 6

1. 개념도 각 단계의 연구 기간을 계획해보자.

	기간
연구주제 정하기	
초점질문 개발 (Step 1)	
연구참여자 선정 (Step 1)	
문헌고찰	
아이디어 진술문 생성 (Step 2)	
진술문 구조화 (Step 3)	
개념도 분석 (Step 4)	
결과 해석 (Step 5)	
연구타당성 평가	
개념도 활용 및 글쓰기 (Step 6)	
	총 연구 기간

2. 연구참여자는 어느 단계에서 총 몇 차례에 걸쳐서 연구에 참여할 것으로 예상하는가?

5 문헌고찰과 연구자의 경험을 통한 연구주제 감수성 키우기

문헌고찰은 연구주제에 관련된 지식을 이해하고, 자신의 연구의 틀을 잡는 데 도움이 된다. 또한, 연구자는 서론에서 선행연구를 개괄함으로써, 자신이 수행하는 연구의 의의를 더욱 설득력 있게 전달할 수 있다. 그리고, 선행연구의 결과와 개념과 친숙해져 있다면, 연구자는 개념도 연구 수행을 통해 비슷하게 혹은 차별되게 도출된 결과에 대해서 깊이 있게 논의할 수 있다. 문헌고찰은 논문 글쓰기에서 개념도를 해석하고, 개념도로부터 함의를 이끌어내는 데 있어서 기존의 문헌과 비교하여 흥미롭게 제시하는 데 도움을 제공할 것이다.

개념도 연구에서는 연구주제의 초점을 정하고, 연구참여자의 선정기준에 대한 준거를 정하는 데 있어서 연구자의 문헌고찰이 중요하다. 앞서 자세히 설명하였듯이, 저자의 논문(박애실, 2020)에서 문헌고찰을 통해 '자살위기상담에서 숙련상담사'를 '자살시도 내담자와 10회기 이상 상담을 진행하고 종결을 하거나, 종결을 준비 중인 상담경력 5년 이상의 상담사'로 정의하였다.

저자의 연구(박애실, 2020)에서 또 다른 중요한 문헌고찰의 내용은 '개입요인'의 정의와 범위였다. 숙련상담사인 연구참여자의 브레인스토밍된 면접 내용으로부터 자살위기상담의 치료적인 개입요인(기초 아이디어 진술문)을 추출하기 위해서는 무엇을 치료적인 개입요인으로 볼 것인지에 대한 정의가 필요하였다. 상담에서 내담자에게 변화의 계기를 가져다주는 상담사의 치료적 요인에 대한 선행연구는 상담사의 자질(quality)에 초점을 두거나, 상담사의 자질(quality)과 개입(intervention)을 혼용하여 요인(factor)이라는 용어를 사용해왔다. 하지만, 저자의 연구(박애실, 2020)에서는 상담사가 상담과정에서 제공할 수 있는 상담 개입에 초점을 두고자 하였다. 내담자의 자살위험을 낮추고, 완결된 자살을 지연 혹은 예방하기 위한 효과적인 자살위기상담의 과정을 이해하기 위해서는 숙련상담사가 상담 전반의 과정에서 어떤 개입을 제공하는지, 자살위기 내담자와 어떻게 상호작용하는지를 살펴보는 것이 필요하다고 판단하였기 때문이다.

또한, 상담사가 제공할 수 있는 상담 개입을 상담사의 행동에만 제한을 두지 않고, 상담사의 내적인 작업도 포함하였다. Martin(1984)은 상담사의 행동이 내담자의 행동과 상담성과에 일방적인 영향을 준다고 가정하는 초기 과정-산출 패러다임(process-product paradigm)의 한계점을 인식하고 인지-매개 패러다임(cognitive mediational paradigm)을 제안하였다(김계현, 2000). 이 패러다임에 따르면, 상담사와 내담자가 상담과정 중에 내적 활동이 활발히 일어나며, 이런 내적 활동은 상담과정(상담사와 내담자의 상호교호적 행동)과 상담성과(내담자의 변화와 성장)를 매개한다. Martin은 인지를 정보를 지각, 표상, 저장, 인출, 행동하기 위해 준비하는 과정이라고 정의하였고, 정서도 인지적인 구조 안에 부호화되고 표상된다는 점에서 인지 안에 포함시켰다. 저자는 Martin이 정의한 인지의 개념을 살펴보았을 때, 내적인 과정을 모두 총칭하는 것으로 보고, 숙련상담사의 개입을 행동에만 국한하지 않고 내적인 모든 과정(의도, 지각, 개념화, 전략, 정서조절 등)을 포함하였다. 이후, 연구 결과로 도출된 치료적인 개입 목록과 군집을 살펴보았을 때, 사전에 정의한 상담 개입에 대한 정의와 범위는 연구설계에서 매우 중요한 부분임을 확인할 수 있었다.

문헌고찰은 무엇보다도 연구자가 연구주제 감수성을 증진시키기 위해 필요한 작업이다. 연구참여자로부터 아이디어 진술문을 추출할 경우, 자료가 연구참여자의 생생한 체험과 인식에 기반을 하고 있기 때문에 질적 연구와 유사한 부분이 많다. 근거이론 방법론에서 이와 비슷하게 이론적 감수성(theoretical sensitivity)이라는 용어를 사용하고 있는데, 수집된 자료의 미묘한 뉘앙스와 의미를 지각하고 구분할 수 있는 능력으로, 연구자의 개인적인 자질을 의미한다(Strauss & Corbin, 1998; 박승민 외, 2012, 재인용). 감수성은 통찰력을 의미하며, 자료에 의미를 부여하고 이해할 수 있는 능력, 서로 관련이 있는 자료와 그렇지 않은 자료를 구분해 낼 수 있는 능력을 의미한다(Strauss & Corbin, 1998). 연구주제 감수성을 가진 연구자는 자료로부터 개념적으로 밀도 있는 통합된 이론을 발전시킬 수 있다.

연구주제 감수성을 증진시킬 수 있는 다른 방법은 연구자가 연구주제와 관련하여 전문적인 경험을 갖는 것이다(박승민 외, 2012). 연구주제 감수성은 연구자의 직·간접 경험을 통한 성찰을 통해 증진시킬 수 있는데, 저자가 앞서 자신의 상담 임상경험에서 관심을 가진 주제를 연구주제로 선정할 것을 추천한 이유도 이와 같은 맥락에서다. 만약에 독자가 특정 대상으로 오랫동안 상담사로 근무하며 경험을 축적해왔다면, 다른 주제보다 해당 주제에 연구주제 감수성을 증진시키는 것이 수월할 것이다.

자살위기상담 연구를 하는 데 도움이 되었던 저자의 임상경험을 소개하면, 대학상담센터, 초·중·고등학교, 기업, 병원, 경찰서와 같은 다양한 세팅에서 청소년, 대학생, 성인 등 다수의 자살위기 내담자와 15년 동안 일해왔다. 이들 내담자 중에는 상담에 오기 전에 자살시도를 한 내담자도 있었고, 상담을 진행하는 중에 자살시도를 하는 내담자도 있었다. 또한, 저자는 반복적으로 자살시도를 하는 내담자와도 일을 했으며, 높은 자살충동을 가진 내담자와 자해를 반복적으로 하는 내담자와도 일을 해왔다. 단기간 안에 위험을 낮추는 상담 전략을 제공하기도 하였고, 장기간에 걸쳐서 자살위기까지 가게 된 취약성을 다루기도 하였다. 이렇게 자살위기 내담자와 다양한 경험을 하면서, 자살위기상담의 과정에서 상담사가 제공하는 개입에 대해 고민하고 성찰하는 작업을 해왔다. 이는 연구를 진행하면서 연구참여자를 심도 있게 면접하는 데에도 도움이 되었으며, 면접으로부터 자료들을 의미 있게 해석하고, 분류해내는 데에도 도움이 되었다. 상담학은 임상경험과 문헌고찰을 통해 연구주제 민감성을 증진시킬 수 있는 매력적인 학문이라고 생각한다. 독자들도 연구를 진행하면서 자신의 연구주제 민감성을 증진시키기 위한 노력을 꾸준히 해보길 바란다.

다만, 이 장을 마무리하기 전에 한 가지 강조하고 싶은 것은 연구참여자들의 아이디어를 브레인스토밍하고, 브레인스토밍 내용에서 아이디어 진술문을 추출할 때에는 연구자의 문헌 지식과 선행경험을 내려놓고, 편견 없이 연구참여자들의 아이디어를 얻으려고 노력하는 것 또한 중요하다는 점이다. 연구자의 지식과 경험은 자료를 다루는 데 도움이 되지만, 오히려 편견을 갖는다면, 연구참여자의 경험에 대한 중요한 아이디어를 놓칠 수 있다. 연구자는 브레인스토밍을 통해 아이디어 진술문을 얻을 때에는 기존의 문헌 내용과 선행경험을 잠시 내려놓고, 연구참여자의 경험으로부터 충분한 아이디어 진술문을 얻는 데에 집중하는 것이 좋다.

자신의 연구에 적용하기 7

1. 문헌고찰한 내용을 적어보자.

1) 지금까지 문헌고찰한 내용을 적어보자.

2) 앞으로 문헌고찰이 필요한 부분을 적어보자.

2. 연구자의 연구주제와 관련된 전문적 경험을 적어보자.

ㄴ 윤리적 이슈에 대한 고려

1) 개념도 연구에서 고려해야 하는 윤리적 쟁점

연구자는 연구 과정의 전반에서 윤리적인 측면을 지향하고 준수해야 한다. 이 절에서는 1974년 미국 국가위원회에서 작성한 벨몬트 보고서(Belmont Report)에서 제시하는 세 가지 윤리원칙을 설명하고자 한다. 벨몬트 보고서에서는 생명의학과 인간행동연구에서 인간연구대상자의 보호를 위한 기본 윤리원칙인 인간존중(Respect for Persons)의 원칙, 선의(Beneficence)의 원칙, 정의(Justice)의 원칙을 제안하였다.

첫째, 인간존중(Respect for Persons)의 원칙에 따르면, 연구자는 개인의 자율성을 존중해야 한다. 이를 위해, 연구와 관련한 모든 정보를 제공하고, 연구참여자가 연구에 참여하지 않아도 아무런 불이익이 없다는 것을 알려야 한다. 이는 연구참여자의 자율적 판단능력을 방해하지 않기 위해서 중요한 부분이다. 또한, 동의를 구할 때, 연구참여자가 주어진 정보를 확실히 이해하고 있는지 확인해야 한다. 만약에, 연구참여자가 아직 미성년이거나 장애를 가지고 있어서 연구에 대한 정보를 확실히 이해하는 데 어려움을 겪고 있다면, 연구참여자의 안전을 보장하기 위한 추가적인 조치를 취할 수 있어야 한다. 둘째, 선의(Beneficence)의 원칙에 따르면, 연구자는 연구에 참여해서 얻는 이익이 위험보다 크다는 것을 확실히 해야 한다. 연구의 방법, 절차, 결과 측면에서 연구참여자에게 해를 끼치지 않고, 잠재적인 이득을 최대화하고 잠재적인 해를 최소화하는 것이 중요하다. 셋째, 정의(Justice)의 원칙에 따르면, 연구자는 연구참여자의 안전을 보장하고, 연구참여자가 약속받은 것(예: 소정의 보상)을 반드시 제공해야 한다. 또한, 연구대상 선택 과정이 공평해야 하는데, 특정 대상에게 연구에 참여하도록 과중한 부담이 주어지거나, 타당한 이유 없이 배제되지 않도록 해야 한다.

특히, 개념도 연구는 연구참여자의 생각, 감정, 경험을 탐색하고, 내면 세계를 탐색하는 질적인 연구과정을 포함하고 있기 때문에, 연구자는 과정 전반에서 책임 있는 연구를 수행하기 위해 노력하고 연구 수행에 앞서 연구참여자를 보호하기 위해 많은 윤리적인 고려사항을 숙지해야 한다.

2) 연구참여자에게 연구에 대한 동의받기

연구참여자의 권리를 보호하기 위해서는 연구 참여에 대한 동의(informed consent)를 얻는 것이 필수적이다. 특히, 개념도 연구에서는 연구참여자가 여러 번에 걸쳐서 연구에 참여한다. 예를 들어, 아이디어를 생성하기 위한 면접, 기초 아이디어 진술문 목록에 대한 피드백, 기초 아이디어 진술문 종합 및 편집과정으로 추출된 대표진술문에 대한 피드백, 유사성 분류 및 중요도 평정, 군집명에 대한 피드백 등 최소 2회에서 5회 참여하게 된다. 이 때문에, 전체 연구의 과정과 참여자의 참여 횟수 및 시간에 대해 참여자가 이해할 때까지 충분히 설명을 하고 동의를 구하는 것이 중요하다. 세부적인 연구 참여 동의서의 서면 양식은 대학 기관에 따라 다소 차이가 날 수 있으며, 기본적인 내용은 대개 비슷하다. 저자가 소속했던 서울대학교의 연구윤리위원회(Institutional Review Board, IRB)에서 제시한 연구 참여 동의서는 다음과 같은 내용을 포함하고 있다.

· 연구과제명
· 연구 책임자명: 성명(소속, 지위)
· 연구의 목적
· 연구참여자 숫자, 연구참여자 집단의 특징
· 연구 참여의 모든 과정을 상세하게 기술

- 연구 참여 기간
- 연구 참여의 자발성 및 언제든지 연구 참여를 중단할 수 있는 권리에 대한 보장
- 중도 탈락 시 수집된 정보의 처리 사항에 대해 명시
- 연구 참여의 부작용이나 위험요소
- 연구 참여의 경제적 보상 혹은 이득
- 연구에서 얻은 개인 정보의 비밀 보장(개인식별정보 수집 시 수집항목, 수집목적, 폐기 시기에 대해 기재)
- 질문에 답변할 약속(연구자, 연구기관에 대한 정보 및 연락 가능한 전화번호 제시)

자신의 연구에 적용하기 8

1. 벨몬트 보고서(Belmont Report)에서 제시하는 인간존중(Respect for Persons), 선의(Beneficence), 정의(Justice)의 윤리원칙을 나의 연구에서 어떻게 적용할 것인가?

2. 자신의 연구에서 윤리적 이슈를 위해 자문이 필요한 경우, 누구에게 자문을 요청할 것인가?

3. 연구동의서를 작성해보자.

ㄱ 아이디어 진술문 생성 (Step 2)

아이디어 진술문 생성(the generation of the ideas)은 연구주제에 대한 아이디어를 산출해내는 과정을 의미한다. 개념도 연구방법은 연구참여자들이 특정 주제(현상)에 대해서 어떻게 이해하고 있는지 탐색하기 위해 질적인 연구와 양적인 연구를 모두 사용하는 연구방법이다. 특히, 아이디어 진술문 생성 단계는 질적인 연구 단계에 해당하며, 1) 브레인스토밍을 이용한 아이디어 진술문 수집 단계, 2) 브레인스토밍된 원자료에서 기초 아이디어 진술문을 추출하는 단계, 3) 기초 아이디어 진술문을 100개 이하의 대표진술문으로 종합 및 편집하는 단계로 이루어진다. 각 단계별로 살펴보면 다음과 같다.

1) 아이디어 진술문 수집(개별 면접을 중심으로)

아이디어 진술문을 수집하기 위해 제일 많이 사용되는 방법은 브레인스토밍이며, 이 방법은 사람들에게 친숙하고, 짧은 시간에 많은 아이디어를 수집할 수 있다는 장점을 가지고 있다(Kane & Trochim, 2007). 브레인스토밍은 개별 면접, 집단 면접, 서면 등으로 진행될 수 있다. 각 수집 방식은 장점이 있는데, 개별 면접은 상담학 분야에서 가장 많이 활용하는 브레인스토밍 방법(최윤정, 2019)으로 연구자가 연구주제에 초점을 가지고 명확한 진술문을 이끌어낼 수 있도록 적극적인 역할을 할 수 있다는 장점이 있다. 집단 면접은 참여자들이 서로 다른 사람의 아이디어를 들으면서 또 다른 아이디어를 생성해내는 시너지 효과를 누릴 수 있다는 장점이 있다. 우편, 온라인 설문, 이메일과 같이 실시간으로 진행되지 않는 경우에는 연구참여자가 자신이 필요한 시간만큼 충분히 숙고하여 브레인스토밍을 할 수 있다는 장점이 있다.

연구자는 자신의 초점질문의 아이디어 진술문을 생성하기에 가장 적합한 방식을 고려하여 수집 방법을 결정할 수 있다.

최근 진행된 국내 상담심리 분야의 개념도 연구방법에 대한 메타분석적 개관(최윤정, 2019)에 따르면, 국내 연구 106편(2004-2019년 기준) 중 개별 면접을 통해 자료가 수집된 경우가 57편으로 가장 많았으며, 집단 면접을 통해 진행된 경우(23편)와 서면으로 진행된 경우(4편)가 그 뒤를 이었다. 개념도 연구를 위한 아이디어 수집을 위해 다양한 방법을 사용할 수 있지만, 여기서는 국내에서 가장 많이 진행된 방식인 개별 면접을 중심으로 살펴보고자 한다. 개념도에서 아이디어를 수집하는 단계는 질적 연구에 해당하므로, 연구자는 대학원 수업이나 워크숍을 통해 질적 연구에 대한 기본적인 사항을 숙지하고 있는 것이 도움이 된다. 일반적으로 근거이론 연구, 합의적 질적 연구와 같은 질적 연구에서는 연구주제의 내용이 포화될 때까지 연구참여자를 면접한다. Kane과 Trochim(2007)도 많은 수의 연구참여자 참여보다는 주제에 대한 충분한 아이디어를 수집하는 것이 개념도 연구에서 중요하다고 강조하였다. 따라서 연구자는 면접을 통해 자료를 수집하면서 동시에 자료를 분석하고, 연구참여자를 대상으로 반복 면접을 실시하거나 연구참여자를 추가로 면접한다. 그리고 이런 과정을 포화될 때까지, 다시 말해 새로운 아이디어가 더 이상 추가되지 않을 때까지 반복한다.

면접을 진행할 때, 연구자는 연구참여자가 아이디어를 나누도록 수동적으로 기다리는 것이 아니라, 아이디어의 흐름이 자연스럽게 진행되도록 돕고, 논의가 계속 연구주제에 초점을 맞추도록 돕는 적극적인 역할을 해야 한다. Kane과 Trochim(2007)은 브레인스토밍을 실시하는 연구자에게 다음과 같은 조언을 하였다. 개념도의 브레인스토밍은 일반적인 브레인스토밍과는 다른데, 면접을 진행하는 연구자는 연구참여자들을 낙담시키지 않으면서, 연구주제에 초점을 가지고 명확한 진술문을 이끌어 낼 수 있어야 한다. 또한, 연구자는 다른 사람에게 익숙하지 않은 용어나 전문용어를 명확하게 진술하도록 연구참여자에게 요청하는 것이 필요하다. 면접을 진행하는 연구자는 브레인스토밍이 순조롭게 진행되도록 돕되, 동시에 연구참여자의 생각에 영향을 주거나 이들의 생각을 왜곡시켜서는 안 된다. 연구자는 연구참여자가 많은 아이디어를 생성하도록 격려해주고, 이들의 아이디어에 대한 평가나 비난을 하지 말아야 한다. 연구참여자들이 때로는 자신의 아이디어를 편하게 나누는 것을 주저하는 경우가 있는데, 연구자는 연구주제가 충분히 어려운 주제임을 알고, 이를 위한 연구설계를 섬세하게 준비할 필요가 있다. 면접의 종결 시점을 정하되, 너무 짧게 진행해서 아이디어가 충분히 수집되지 않은 채 끝나지 않도록 주의해야 한다. 독자들은 질적 연구를 위한 일반적인 면접기술을 대학원 수업과 워크숍을 통해 익혀나가는 것이 개념도 연구 수행에서도 도움이 될 것이다.

저자의 연구(박애실, 2020)에서 아이디어 진술문을 수집하는 과정을 소개하면 다음과 같다. 저자는 총 15명의 연구참여자들을 개별적으로 면접하였다. 면접은 IRB 승인일인 2019년 6월 24일로부터 2019년 9월 23일까지 이루어졌다. 면접을 시작하기 전에 연구의 목적과 연구과정에 대한 정보를 포함한 연구 참여용 설명문과 동의서를 제공하였다. 또한, 면접을 진행하는 도중이라도 면접을 언제든지 철회할 수 있는 연구참여자의 권리에 대해서 안내하였다. 면접은 연구참여자들이 편하게 자신의 생각을 나눌 수 있도록 연구참여자들이 선호하는 장소와 시간에 이루어졌으며, 사전 동의하에 모두 녹음되었다. 면접 시간은 50분에서 90분까지 소요되었으며, 평균 70분 정도 소요되었다. 면접을 시작하기 전에 편안한 분위기를 형성하려고 노력하였으며, 저자가 본 연구에 관심을 갖게 된 저자의 개인적인 경험과 본 연구가 자살위기상담을 수행하는 상담사에게 갖는 의의에 대해서 설명하였다.

앞서 언급한 것처럼, 저자는 연구참여자들에게 초점질문과 함께 길라잡이 질문을 함께 제시하였다. 길라잡이 문장을 제시한 이유는 자살위기상담은 긴박하고 모호성이 높으며, 많은 경우에는 내담자가 다음 회기까지 살아있게 하기 위한 개입이 최선인 경우가 많다. 이는 대학원 수업에서 배운 상담의 개입과 다를 수밖에 없다. 저자는 이 점에 대해서 사전에 충분히 숙지하였고, 연구참여자들이 자신이 제공한 개입의 적절성에 대한 평가를 받지 않고, 자살위기상담에서 겪은 어려움과 극복 혹은 대처 과정을 충분히 브레인스토밍하도록 길라잡이 문장을 제시하였으며, 이는 연구참여자들의 폭넓은 아이디어를 수집하는 데 도움이 되었다.

저자가 면접 과정에서 사용한 면접기술을 일부 소개하면 면접 과정에서 초점을 명료화하는 과정을 지속적으로 가졌다. 연구참여자가 내담자의 사례 자체 혹은 기관 환경에 초점을 두는 경우 다시 개입에 초점을 맞추도록 요청하였고, 한 번에 많은 개입을 간단히 나열했을 때, 개입들을 하나씩 자세히 구체적으로 설명하도록 요청하였다. 이는 이후에 기초 아이디어 진술문을 생성하는 과정에 도움이 된다. (독자는 각각의 진술문이 연구주제와 연결되어야 하며, 하나의 진술문에는 하나의 아이디어가 포함되어야 한다는 점을 기억할 필요가 있다!) 면접의 특성상 연구참여자들이 장황하게 설명하는 경우가 발생하고, 장황한 설명 뒤에 연구참여자가 핵심적으로 말하고자 하는 의미가 무엇인지 놓치는 경우가 발생할 수 있다. 따라서, 면접을 진행할 때, 연구자는 시기적절하게 연구참여자에게 재진술을 요청하거나, 요약을 요청하는 것이 도움이 된다. 또한, 연구참여자들이 자신들이 익숙한 언어와 방식으로 아이디어를 기술할 때에 이에 대한 의미를 환언하여 일반적으로 사람들이 이해할 수 있는 표현으로 한 번 더 설명해달라고 요청하는 것도 도움이 된다.

2) 기초 아이디어 진술문 생성

면접으로 자료를 수집하면, 원자료를 축어록화하고 기초 아이디어 진술문을 도출하기 위해 재진술하는 과정이 필요하다. 이때 고려해야 하는 중요한 사항은 첫째, 각 진술문에는 하나의 아이디어만을 포함하도록 독특한 아이디어(unique idea) 진술문을 만들어야 한다. 둘째, 각 진술문은 연구주제의 초점과 관련되어 있어야 한다. 셋째, 연구참여자와 다른 사람들이 명확하게 이해할 수 있는 진술문이어야 한다. 마지막으로, 기초 아이디어 진술문이 묶여 이후 대표진술문을 형성하고, 유사성 분류를 통해 군집명과 차원의 이름이 결정되기 때문에, 기초 아이디어 진술문의 개념적인 구체적 수준을 동등하게 하는 과정이 중요하다.

저자의 연구(박애실, 2020)의 예로 기초 아이디어 진술문 생성 과정을 구체적으로 소개하고자 한다. 저자는 축어록화된 면접 내용을 자세히 살펴보았고, 이로부터 연구참여자들이 내담자의 상태를 언급한 후 자신의 내적 프로세스를 언급하고 상담사의 개입을 언급하는 것을 관찰할 수 있었다. 따라서, 기초 아이디어 진술문을 "내담자 상태+상담사 내적 프로세스+상담사 개입"의 순서대로 재진술하였다. 또한, 면접이 진행되면서 내담자 상태에 대한 언급 없이 상담사의 내적 프로세스와 개입만 언급되거나 상담사 개입만 언급되는 경우가 있었는데, 생략된 경우에도 위의 순서대로 기초 아이디어 진술문을 재진술하였다. 이런 과정을 통해, 각 기초진술문이 유사한 문법적 형태로 표현되도록 하였으며, 개념적 구체적 수준이 비교적 동등하도록 맞추었다. 이 과정을 〈예시 4〉에 제시하였다. 면접의 내용은 상담사가 주어로 표현되기도 하고, 내담자가 주어로 표현되기도 하였지만, 기초진술문에서는 상담사가 주어로 표현되도록 통일하였다. 또한, 하나의 진술문에는 하나의 아이디어가 표현되도록 기술하였다.

저자는 모든 기초 아이디어 진술문에 연구참여자의 고유번호(앞)와 진술문의 고유번호(뒤)를 부여하여 전체 목록을 만들었다(예: 1-2, 3-36, 10-24, 13-57 등). 연구참여자로터 수집된 기초 아이디어 진술문은 총 1,263개였으며, 각 연구참여자로부터 55개에서 137개, 평균 84.2개의 아이디어 진술문이 생성되었다. 재진술된 아이디어 진술문에 대한 검토를 받기 위해 15명의 연구참여자에게 축어록과 진술문 목록을 보여주고, 재진술된 진술문이 면접 내용을 잘 반영하였는지 확인하는 과정을 통해 진술타당도(testimonial validity)를 확보하고자 하였다.

<예시 4> **기초 아이디어 진술문 도출 과정 예시**

(내담자 상태) + *상담사 내적 프로세스* + 개입

(내담자가 싫어하는 것 같더라도), *내담자 안전에 우선 주의를 기울이고* 괜찮은지 확인한다
(비용으로 *입원을 부담스러워하는* 부모를 위해) 대안을 같이 찾는다(예: 응급실에 방문하기)
내담자의 자살사고를 지속적으로 점검한다
내담자가 자살을 시도하게 된 성장배경을 이해한다
자살시도의 이유와 내담자의 현재 상태를 판단하여 자살시도 추가 가능성을 파악한다
내담자의 힘든 이야기를 듣는 것이 힘들지만, 계속해서 내담자의 고통의 자리에 같이 있어준다
(죽고 싶을 때), *'괜찮아 할 수 있어' 하면 이해받지 못한다고 느낄 수 있으므로*, 죽고 싶은 마음일 때는 그 마음을 충분히 공감해준다
(자신을 무가치하게 여기고, 자신이 없어진들 세상에서 자신을 생각하는 사람이 없다고 믿는 내담자에게), '네가 나한테 의미가 있다'고 말해주며, 내담자가 상담사에게 의미 있는 존재임을 느끼게 해준다
자살시도를 암시하는 내담자의 문자(제가 살아도 될까요? 왜 살아야 되죠?)에 상담사가 긴장감과 압박감을 느낄 때, 내담자에게 솔직하게 답을 하고 싶은데 어떤 단어도 선택이 안된다고 반응해준다

출처: 박애실(2020)

축어록에서 기초 아이디어 진술문을 도출하는 과정은 본 저자가 가장 많이 자문 요청을 받는 영역 중 하나이다. 재진술 과정은 각 연구의 주제에 따라 다르게 진행될 수 있으며, 자신의 연구주제와 목적에 가장 적절한 방법을 찾는 것이 중요하다. 무엇보다 본 연구를 실시하기 전에 예비연구의 연구참여자 면접 내용을 자세히 들여다보는 것이 중요하다.

3) 아이디어 진술문 종합(idea synthesis)

Kane과 Trochim(2007)은 개념도 연구에서 최종진술문의 수와 최종진술문의 명확성이 중요하다고 강조하였다. 이 최종진술문은 이후 유사성 분류와 중요도 평정에 사용된다. 아이디어 진술문 생성 단계와 달리 이 단계에서는 생성된 아이디어를 종합하고 편집하는 작업이 요구된다. 이 단계에서는 최종 아이디어 진술문이 문법적으로 비슷하게, 참여자들의 아이디어가 잘 드러나고, 더 많은 사람들에게 이해될 수 있도록 명확하고 섬세하게 편집하는 과정이 필요하다. 또한, 두 개 이상의 아이디어를 포함한 아이디어 진술문을 나누어서 하나의 진술문에 하나의 아이디어만 포함하도록 해야 한다. 마지막으로, 연구참여자들이 유사성 분류와 중요도 평정을 할 수 있도록 진술문의 수를 적절하게 줄인다. 최종진술문의 수에 대한 정확한 제한은 없지만, 최종진술문의 수가 많으면 현실적인 어려움이 발생한다. 내용이 불필요하게 중복될 가능성이 높고, 200개의 대표진술문이라면 200*200의 유사성 행렬표를 만들기 위해 시간이 많이 소요된다. Kane과 Trochim(2007)은 최종진술문을 100개 이하로 할 것을 권하고 있다.[3] 진술문이 100개 이상인 경우에는 진술문을 종합함으로써 진술

3 해외 연구의 경우 진술문의 수가 평균 96.32개(*SD*=17.23)(Rosas & Kane, 2012), 국내 연구의 경우 진술문의 수가 평균 60.77개(*SD*=19.63)(최윤정, 2019)로 조사되고 있다.

문을 줄이는 방법이 있다. 이 과정에서, 연구참여자들의 일부 혹은 전부가 줄이는 과정에 참여할 수 있고, 이들을 대표하는 제3자가 참여하는 방법이 있다. 상담학 연구 수행에서는 해당 주제의 분석을 잘 수행할 수 있는 2-3명의 동료 연구자와 함께 합의팀을 구성하여 아이디어 진술문 종합을 진행하는 방법이 있다.

Kane과 Trochim(2007)이 제시한 진술문 종합 및 편집 방법에 대한 가이드라인을 소개하면, 핵심어(keywords), 주제(topics), 개념적 영역(conceptual areas)에 기반하여 아이디어를 묶고 조직하는 방법이 있다. 그 외, 유사한 아이디어 묶음에서 소수의 연구참여자들이 직접 어떤 아이디어를 선택할지 '예' '아니오'와 같은 투표방식으로 결정할 수 있다.[4] 최종진술문이 산출되면, 브레인스토밍에 참여한 연구참여자들이 이들 진술문을 검토하는 것이 중요하다(Kane & Trochim, 2007). 검토를 통해 연구참여자들에게 최종진술문에 누락된 핵심 아이디어가 있지 않은지 확인하도록 요청할 수 있다. 또한, 표현의 적절성에 대한 의견을 수렴할 수 있는데, 브레인스토밍에서 산출된 아이디어의 단어들이나 표현들이 어색하거나 문법적으로 적절하지 않을 수도 있다. 각 진술문은 연구참여자의 아이디어를 최대한 있는 그대로 반영해야 하지만, 동시에 모든 참여자들이 진술문의 본질적인 의미를 이해할 수 있어야 한다. 요약하면, 연구자는 최종진술문을 확정하기 전에, 연구참여자들의 검토를 통해 누락된 핵심 아이디어를 확인하고, 연구참여자의 아이디어가 그대로 드러나도록 하되, 모든 참여자들이 이해할 수 있는 표현으로 기술되어 있는지 의견을 받는 과정이 필요하다. 이는 연구의 타당성을 위해서도 중요하며 이에 대해서는 연구의 타당성 평가에서 다시 한번 기술하겠다.

4 민경화(2012)의 상담사가 인식한 작업동맹 위기 표지에 대한 연구를 참고하길 바란다.

저자의 아이디어 진술문 통합 및 편집과정을 소개하면 다음과 같다. Kane과 Trochim(2007)은 핵심어(keywords), 주제(topics), 개념적 영역(conceptual areas)에 근거하여 아이디어를 묶어서(grouping) 줄이는 방법으로 아이디어를 종합 및 편집할 수 있다고 제안하였다. 진술문을 종합하고 편집하기 위해서는 자신의 연구주제와 목적에 가장 잘 맞는 방법을 찾아야 한다. 국내 상담학 분야의 선행연구들은 주로 핵심어(keywords)에 따라 진술문들을 종합·편집한 것과 달리 저자는 유사한 개입들을 묶는 개념적 영역(conceptual areas)에 따라서 종합 및 편집하였다. 그 이유는 초점질문을 통해 자살위기상담에서 숙련상담사들이 인식한 치료적 개입요인을 탐색하였고, 이들 개입요인(기초진술문)을 종합하기 위해서는 개입의 유사성, 즉 개념적 영역에 따른 종합이 더 적절하다고 판단하였기 때문이다. 개입의 유사성에 따라 진술문을 종합하는 과정을 〈예시 5〉에 제시하였다. 예를 들어, '내담자의 자살충동이 너무 심한 경우에는 주 2회 상담을 진행한다', '안정기에 접어들 때까지, 한 달 동안 매일 10분씩 면담, 주 2회 상담을 진행한다', '첫 상담을 30분 하고 보건진료소에 가서 약을 처방받게 한 후 나머지 30분을 진행하여, 빠른 시간에 내담자를 안정시킬 수 있도록 상담구조를 유연하게 잡는다'와 같이 자살위기 내담자의 위기관리를 위해 상담빈도와 시간을 유연하게 조정한 유사한 개입을 하나의 묶음으로 종합하였다. 또한, '내담자가 어떻게 약을 사서 모으고, 여러 알을 넘겼는지 등 자살을 시도한 과정에서의 내담자의 마음을 자세히 살펴봐준다', '자살시도 실패로 인해 몸이 힘든 것(예: 잠이 오고, 머리가 아프고)을 공감해준다', '번개탄을 샀을 때와 피울 때, 내담자의 생각과 감정이 어땠는지 물어봐준다'와 같이 자살시도 내담자가 자살시도 과정 자체에서 겪은 신체적 심리적 고통을 상담사가 살펴봐주고 공감해주는 개입을 하나의 묶음으로 종합하였다.

< 예시 5 > 개념적 영역에 따른 진술문 종합 과정

기초 아이디어 진술문	대표진술문
13-57 자살충동이 심한 내담자를 위해 일주일에 두 번 만난다 13-78 자살충동을 많이 보고하고 자살하겠다는 메시지를 많이 보낼 때는 주 3회 상담을 진행한다 5-67 내담자의 자살충동이 너무 심한 경우에는 주 2회 상담을 진행한다 10-4 내담자가 위험한 경우 주 2회 상담을 진행한다 8-9 위험도가 높을 때, 상담을 주 1회에서 주 2회로 상담빈도를 조정한다 8-44 충동이 심하거나, 무너져있는 내담자의 경우 주 2회 상담을 진행한다 1-2 위급한 내담자 위기관리를 위해 주 2-3회 상담을 한다 3-36 안정기에 접어들 때까지, 한 달 동안 매일 10분씩 면담, 주 2회 상담을 진행한다 3-64 첫 상담을 30분 하고 보건진료소에 가서 약을 처방받게 한 후 나머지 30분을 진행하여, 빠른 시간에 내담자를 안정시킬 수 있도록 상담구조를 유연하게 잡는다	**1. 위기관리를 위해 상담빈도와 시간을 유연하게 조정한다**
11-48 자살시도로 전화세션 이후 내담자가 잠을 잤는지, 울렁울렁했는지, 기분은 어땠는지 물어본다 10-16 내담자가 어떻게 약을 사서 모으고, 여러 알을 넘겼는지 등 자살을 시도한 과정에서의 내담자의 마음을 자세히 살펴봐준다 10-18 자살시도 후 후유증으로 몸이 몽롱한 상태에 있는 것이 어떤지 살펴봐준다 10-19 자살시도한 자체가 힘들다는 것을 공감해준다 10-21 자살시도 실패로 인해 몸이 힘든 것(예: 잠이 오고, 머리가 아프고)을 공감해준다 10-22 자살시도할 때마다 몸이 얼마나 힘든지 알아주면서 반복적으로 자살시도하는 내담자의 힘듦을 공감해준다 10-23 번개탄을 사고 피울 때 내담자가 무섭지는 않았는지 공감해준다 10-24 번개탄을 샀을 때와 피울 때, 내담자의 생각과 감정이 어땠는지 물어봐준다	**42. 자살시도 과정 자체에서 겪은 내담자의 심리적, 신체적 고통을 알아봐준다**

출처: 박애실(2020)

두 번째 단계에서는 연구자를 포함한 합의팀 3명이 함께 모여, 기초 아이디어 진술문을 해당 묶음에 유지할 것인지, 다른 묶음으로 이동할 것인지 평가하였다. Bedi(2006)의 연구를 참조하여, 연구참여자 2인 이상이 공통으로 제시한 아이디어 진술문을 아이디어 진술문 종합과정에 포함시켰다.

세 번째 단계에서는 묶음을 대표하는 대표진술문을 생성하는 작업을 하였다. 대표진술문 생성은 저자가 먼저 초안으로 생성하였고, 합의팀이 이를 검토하며 수정 및 보완하였다. 이때 진술문을 통합하고 명료화하는 작업을 하였으며, 이에 대한 예시를 〈예시 6〉에 제시하였다. 예를 들어, '위험한 경우, 입원을 권유한다'와 '병원에 입원하는 과정을 지지해준다'를 통합하여 '위험한 경우, 입원을 권유하고 그 과정을 지지해준다'의 대표진술문을 생성하였다. 〈예시 6〉과 같이 통합된 진술문은 '44-가', '44-나'와 같은 대표진술문의 하위 번호를 부여하여 해당 대표진술문 아래에 표기하였다. 합의팀은 이 과정에서 자살위기상담의 치료적인 개입요인으로 부적절하다고 판단한 진술문은 제거하였으며, 합의팀 중 1인 혹은 2인이 부적절하다고 판단한 경우에는 충분히 토의하여 최종 합의하였고, 그 결과 85개의 대표진술문을 1차로 선정하였다.

<예시 6> **통합된 진술문 표기 예시**

44. 위험한 경우, 입원을 권유하고 그 과정을 지지해준다(5)

44-가. 위험한 경우, 입원을 권유한다(3)

2-2 자살을 막기 위해 입원을 강하게 권유한다

10-48 자살을 예고하면 냉정하게 자세히 듣고, 내담자가 스스로 통제할 수 있는 범위가 아니라고 판단이 되면 입원을 강하게 권유한다

13-16 본인이 자발적으로 상담사에게 와서 이야기를 하겠다는 힘도 없는 자살위기 내담자는 병원에 입원시킨다

44-나. 병원에 입원하는 과정을 지지해준다(3)

2-3 부모(보호자)가 입원을 거부하는 이유를 들어준다

2-4 입원을 거부하는 부모를 한 달에 걸쳐서 설득한다

2-5 비용으로 입원을 부담스러워하는 부모를 위해 대안을 같이 찾는다(예: 응급실에 방문하기)

2-6 입원이 대기상태일 때 입원을 빨리할 수 있는 방법(예: 응급실을 통해서 입원하기)을 알려준다

2-25 내담자가 입원하는 과정에서 겪는 어려움(예: 경제적인 어려움, 긴 대기시간 등)을 파악한다

6-7 내담자의 다른 사정으로 입원을 못 하게 되었을 때, 위급 시 응급실에 가서 약을 투여받아 진정할 수 있게 한다

6-15 충동조절이 힘든 경우, 방문할 수 있는 집 근처 병원을 정해놓는다

8-57 입원을 고려하는 내담자를 위해 입원할 수 있는 병원을 함께 찾아본다

출처: 박애실(2020)

대표진술문의 타당도 확보를 위해 연구참여자로부터 대표진술문의 적절성을 평가하도록 요청하였다. 합의팀은 참여자의 의견을 반영하여 적절하지 않다고 여겨지는 진술문을 수정하거나 삭제하였고, 몇 개의 진술문이 통합되었다. 연구참여자마다 자신의 방식으로 개입을 기술한 경우가 많은데, 모든 연구참여자가 이해가능하고 의미가 잘 전달되도록 합의팀은 여러 차례에 걸쳐서 논의하고 수정하는 작업이 이루어졌다. 그 결과, 최종진술문이 77개로 확정되었다.

◆ 아이디어 진술문 종합 연습하기 ◆

다음은 저자의 연구에서 추출된 기초 아이디어 진술문들이다. 대표진술문을 생성한 과정을 충분히 숙지한 후 기초 아이디어 진술문을 유사한 개입끼리 묶어서 대표진술문을 만들어보자. 기초 아이디어 진술문을 포스트잇이나 카드에 적어서 여러 번 반복해서 옮겨가며 묶음(범주)을 정할 수도 있다. 묶음을 만들어 냈다면, 해당 묶음의 대표진술문을 생성해보자. 또한, 이에 대해 동료 연구자로부터 의견을 들어보고 수정하는 작업을 같이 해보길 바란다.

기초 아이디어 진술문	대표진술문
4-111 많이 회복되었지만, 상담사를 심리적으로 의지하는 내담자를 위해 주 1회 상담에서 격주 상담, 한 달에 한 번 상담으로 종결을 천천히 준비한다 14-1 신변을 정리하고 있는 내담자를 제대로 상담을 안 하면 내담자가 죽을 수 있겠다는 부담감을 견딘다 14-14 가족에 대한 책임감을 강조하며, 자살을 지연시킨다 15-24 안 좋은 소식을 들을까봐 걱정되는 마음을 견딘다 5-37 첫 회기 때, 전략적인 솔루션을 제시함으로써 내담자로부터 최소 4-5회기 시간을 얻는다 7-30 내담자의 자살시도 계획을 1년 미루기로 약속을 받아낸다 3-98 내담자와 연락이 두절되어 걱정되는 마음을 견딘다 9-83 반복적으로 자살시도를 하는 내담자를 상담하면서 상담사가 효과적으로 도움을 주지 못하고 있다는 자책하는 마음을 견딘다 4-54 종결 후에도 원하면 상담사를 계속 만날 수 있음을 알린다 11-115 상담사와 계속 붙어있고 싶고 떨어질 것에 대한 불안을 느끼는 내담자의 정서를 다뤄준다 11-131 정해진 회기 수 때문에, 상담사와 헤어지는 것에 두려움을 느끼는 내담자가 자신이 원할 때 상담을 예약하도록 허용해 준다(예: 몇 주에 한 번 너무 상담사를 만나고 싶을 때) 13-62 자살시도를 우선 한두 시간, 한나절, 하루를 지연시킨다 13-55 오늘 옥상에 올라가서 자살을 한다고 말하는 내담자에게 지금 상담실로 오라고 말한다 10-74 상담진행 중에 자살시도를 한 내담자에게 상담사가 뭔가를 했어야 했나 안 했어야 했나 자책하고 힘든 마음을 견딘다 12-17 내담자의 자살시도에 대해 책임을 어디까지 져야 하는지, 뒤로 빠져야 하는지 혼란스러운 입장을 견딘다 7-32 자살계획을 미뤘다 할지라도 그 사이 꿈을 발견하면, 자살계획을 취소하기로 약속을 얻어 낸다 3-66 '상담사는 자신의 문제를 해결해주지 못하지 않냐?'고 말하는 내담자에게 계속해서 하루만 더 버텨보자고 말해준다 10-67 자살을 예고한 내담자에게 다음 상담 약속을 잡는다 12-75 내담자의 자살시도에 대해 보호자에게 미안한 마음이 들기도 하고 잘못한 건 아닌 것 같은 혼란스러운 마음을 견딘다	

8 진술문 구조화 (Step 3)

진술문 구조화(Step 3) 단계에서는 연구참여자들이 유사성 분류와 중요도 평정을 실시하는 단계이다. 분류는 복잡한 상황을 조직화하는 데 도움이 된다. 흩어진 진술문을 묶는 작업은 연구참여자들이 아이디어들 간의 연관성을 어떻게 지각하고 있는지 알 수 있게 해준다. 진술문 묶음을 연구참여자들에게 제공하기 전에, 유사성 분류 방법에 대한 자세한 안내문을 제공하는 것이 필요하다. 유사성 분류를 실시하는 데 소요되는 시간은 사람마다 다르며, Kane과 Trochim(2007)은 100개의 진술문을 기준으로 20-50분이 소요된다고 하였다. 저자가 실시한 연구에서는 일부 참여자의 경우 50분보다 더 많은 시간이 소요되었으며, 충분히 여유 있게 시간을 갖고 작업시간을 제공하는 것이 필요하다. 각 진술문에는 고유식별번호를 부과하고, 카드에는 고유식별번호와 진술문을 같이 제시한다. 진술문 카드를 만들 때, 카드를 무작위로 섞어서 유사한 진술문이 함께 있지 않도록 주의하는 것이 필요하다. 또한, 연구참여자들이 넓은 책상에서 카드를 펼쳐놓고 편안하게 분류 작업을 할 수 있는 환경도 중요하다. 〈예시 7〉은 저자의 연구에서 사용한 카드의 일부 예시이다.

<예시 7> 유사성 분류 실시를 위한 진술문 카드 제시 예시

1. 위기관리를 위해 상담빈도와 시간을 유연하게 조정한다	2. 내담자 자살위험의 보호요인을 평가한다
3. 위급한 경우에는 라포보다는 위기관리를 우선한다	4. 자문/수퍼비전/교육분석을 통해 상담사의 어려움을 다루고 내담자에게 도움이 되는 개입에 대한 조망을 넓힌다

출처: 박애실(2020)

Kane과 Trochim(2007)이 유사성 분류를 위해 제시한 주요한 지시사항은 모든 진술문은 하나로 묶을 수 없으며, 하나의 진술문은 하나의 묶음(범주)이 될 수 없다는 것이다. 또한, 각 진술문은 하나의 묶음에만 포함될 수 있다. 연구참여자마다 범주의 수는 다를 수 있으며, 연구참여자에게 자신이 분류한 작업을 작업지에 기록하도록 요청한다. 자신이 분류한 작업을 보면서, 각 범주에 적절한 명칭을 적고, 해당 범주에 속하는 진술문 번호를 모두 적게 한다(부록 3 참조).

저자의 논문(박애실, 2020)에서 실시한 유사성 분류 과정을 소개하면 다음과 같다. 진술문 카드를 10cm x 3cm 크기로 만들고, 지퍼백을 준비하여 지퍼백 안에 카드 묶음 1세트와 연구참여자들의 분류 작업이 도움이 되도록 메모장(포스트잇), 연필, 클립(clip)을 함께 제공하였다. 유사성 분류 작업지에 〈예시 8〉과 같은 지시문을 함께 제시하였다(부록 3 참조).

<예시 8> **유사성 분류 지시문 예시**

다음의 지침을 이해하신 후, 총 77개의 진술문 카드를 분류하고, 다음 페이지에 각 범주별 제목과 분류된 카드번호를 적어주시면 됩니다.

1) 유사한 진술문끼리 분류

(1) 총 77개의 진술문 카드를 유사한 부류라고 생각되는 카드끼리 묶습니다.

(2) 이때 분류한 묶음, 즉 범주는 몇 개가 되어도 상관이 없습니다. 다만, 77개의 카드를 1개의 범주로 묶는 것, 모든 진술문을 각각 한 개의 범주로 묶어 77개의 범주로 묶지 않도록 합니다. 또한, 범주를 구성한 후에 남는 카드가 있어서는 안 됩니다.

2) 각 범주의 제목 정하기

각 범주를 잘 표현할 수 있는 제목을 적어주시면 됩니다.

출처: 박애실(2020)

Kane과 Trochim(2007)은 유사성 분류를 먼저 한 후, 중요도 평정을 하도록 제안하였는데, 그 이유는 유사성 분류가 중요도가 아닌 의미적 유사성에 따라 분류되어야 하기 때문이다. 중요도 평정을 먼저 실시할 경우, 연구참여자들이 중요도에 따라서 분류할 가능성이 있기 때문이다. 진술문들이 어느 정도 모두 중요한 진술문이기 때문에 연구참여자들이 중요도 평정에서 낮은 점수를 매기는 것을 주저할 수 있는데, 이에 대한 대안으로 연구참여자들이 상대적인 판단을 하도록 제안할 수 있다(Kane & Trochim, 2007). 저자의 연구(박애실, 2020)에서 연구참여자인 숙련상담사들에게 '각 진술문이 자살위기상담의 치료적인 개입요인으로서 얼마나 중요하다고 생각하는지'를 7점 척도로 평정하게 하였고, 당시 중요도 평정 작업지에는 〈예시 9〉와 같은 지시문을 제공하였다(부록 3 참조).

<예시 9> **중요도 평정 지시문 예시**

각각의 진술문이 자살위기상담의 치료적 개입요인으로서 얼마나 중요한지 자유롭게 평정주세요. 평정하시기 전에, 하나의 세트로서 가장 중요한 진술문과 가장 중요하지 않은 진술문에 대한 아이디어를 얻기 위해, 전체 77개의 진술문 목록을 빠르게 한 번 우선 훑어주시길 바랍니다.
그런 다음, 1점에서 7점 척도를 모두 사용하여, 평정을 해주시길 부탁드립니다.

출처: 박애실(2020)

자신의 연구에 적용하기 9

유사성 분류와 중요도 평정을 위해 다음의 사항들을 준비해보자.

1. 유사성 분류와 중요도 평정을 위해 연구참여자와 만나는 방식과 시간을 계획해보자.

2. 최종진술문에 고유번호를 부여하여 진술문 카드를 만들어보자.

3. 저자의 유사성 분류 지시문을 참조하여, 자신의 연구의 유사성 분류 지시문을 준비해보자.

4. 중요도의 리커트 척도기준(예: 5점 리커트 척도 혹은 7점 리커트 척도)을 선정하고, 저자의 중요도 평정 지시문을 참조하여, 자신의 연구의 중요도 평정 지시문을 준비해보자.

9 개념도 분석 (Step 4)

개념도 분석은 다음의 네 단계로 이루어진다. 첫째, 유사성 행렬을 만들어야 하는데, 먼저 각 개인의 유사성 분류 결과를 정사각형 행렬에 입력한다. 저자의 논문은 진술문이 총 77개였으므로 77*77의 행렬을 만들었다. 연구참여자가 동일범주로 묶은 진술문은 1로, 다른 범주로 묶인 진술문은 0으로 코딩한다(그림 14 참조). 개인 유사성 행렬표가 모두 만들어진 후, 이들을 합산한 집단 유사성 행렬표(GSM: Group Similarity Matrix)를 만든다(그림 15 참조). 집단 유사성 행렬표의 값은 각 진술문을 동일한 범주로 분류한 연구참여자의 수를 의미한다. 집단 유사성 행렬표의 최소값은 0, 최대값은 유사성 분류 참여자의 수가 된다. 집단 유사성 행렬표의 낮은 값은 진술문 쌍이 가장 적은 연구참여자에 의해 유사한 범주로 묶여졌다는 것을 의미한다.

[그림 14] 개인 유사성 행렬표(Kane & Trochim, 2007: p.91)

진술문	1	2	3	4	5	6	7	8	9	10
1	1	1	0	0	0	1	0	0	1	0
2	1	1	0	0	0	1	0	0	1	0
3	0	0	1	1	0	0	0	0	0	0
4	0	0	1	1	0	0	0	0	0	0
5	0	0	0	0	1	0	0	1	0	0
6	1	1	0	0	0	1	0	0	1	0
7	0	0	0	0	0	0	1	0	0	0
8	0	0	0	0	1	0	0	1	0	0
9	1	1	0	0	0	1	0	0	1	0
10	0	0	0	0	0	0	0	0	0	1

[그림 15] 집단 유사성 행렬표(Kane & Trochim, 2007: p.91)

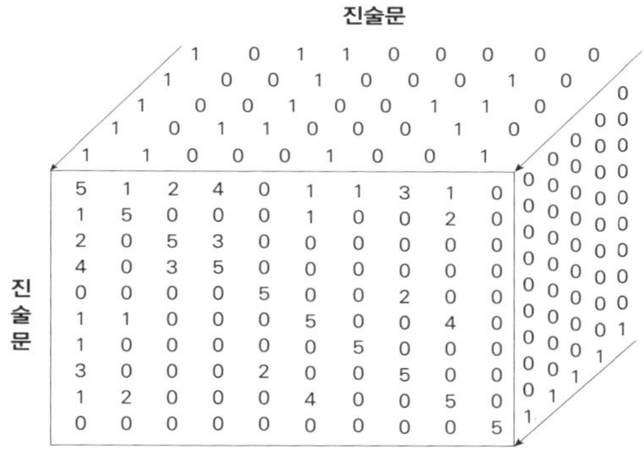

둘째, 집단 유사성 행렬표를 비유사성 행렬표로 변환한 후, ALSCAL 방법으로 다차원척도 분석(multidimensional scaling)을 실시한다. 다차원척도 분석은 각 차원의 수에 따른 진술문의 좌표의 위치를 제시해준다. 차원의 수는 스트레스 값에 근거한 합치도, 해석가능성을 고려하여 결정하며 이에 대해서는 다음 절에서 자세히 소개할 예정이다.

셋째, 다차원척도 분석으로 산출된 좌표값을 이용하여 위계적 군집분석(hierarchical cluster analysis)을 실시한다. 지도상에 점으로 제시된 각각의 진술문이 위계적 군집분석을 통해 유사한 개념을 가진 진술문들이 서로 연결되어 제시된다. 즉, 유사한 진술문들이 군집을 형성하게 된다. Ward 방법은 거리에 근거한 데이터에 더 적합하며, 보다 더 합리적이고, 해석가능한 해법을 제시하는 경우가 많다(Kane & Trochim, 2007). 군집의 수를 결정하는 과정 또한 다음 절에서 자세히 기술할 예정이다.

넷째, 각 진술문에 대해 연구참여자들이 중요도 평정한 결과에 대한 평균과 표준편차를 계산한다. 또한, 군집의 수가 결정되면, 군집에 따른 중요도 평균을 계산한다.

10 결과 해석 (Step 5)

결과 해석 단계에서는 크게 1) 차원의 수 결정 2) 차원의 의미 해석 3) 군집의 수와 군집명 결정 4) 중요도 평균 계산 5) 개념도 지도의 시각적 표상으로 이루어진다.

1) 차원의 수 결정

차원의 수를 결정하고 차원의 의미를 해석하는 과정은 정답이 있는 통계분석이 아니라, 창의적이고 질적인 과정이다. 전통적인 다차원분석에서는 어떤 차원이 데이터를 가장 잘 나타낼 수 있는지 면밀히 조사하여, 가장 적합한 차원의 수를 결정한다. 이론상으로 차원의 수는 1에서부터 진술문의 수(N)-1까지 가능하지만, 현실적으로 3차원 이상은 해석이 어려워진다. 특히, 개념도는 관계성을 중요하게 보며 결과를 지도에 제시하기 때문에, 진술문을 근접성에 따라 진술문의 관계를 나타낼 수 있는지 여부에 더 관심을 갖고 있다(Kane & Trochim, 2007). 따라서, 개념도는 일반적으로 2차원(X축, Y축)을 많이 사용한다.

다차원척도 분석의 핵심 통계는 스트레스(Stress)이다. 스트레스는 입력된 유사성 행렬값의 불일치 정도를 지도상의 거리로 나타낸다. 높은 스트레스 값은 입력된 행렬표 데이터에 더 큰 불일치가 존재한다는 것을 의미한다. 낮은 스트레스 값은 데이터 간의 일치가 높다는 것을 의미한다. Kruskal과 Wish(1987)는 스트레스 값으로 0.10이 적합하다고 하였다. 하지만, 이 기준은 통제된 측정환경에서 개발된 것으로 개념도 연구에 적합하지 않아, Kane과 Trochim(2007)은 0.205-0.365 사이 값이 적절하다고 제안하였다. Kruskal(1964)은 스트레스 플롯이 처음 크게 꺾이는 지점을 차원의 수로 선택할 것을 제안하였다.

저자의 연구(박애실, 2020)를 소개하면서, 차원의 수를 결정하는 과정에 대한 예시를 제공하고자 한다. 저자의 연구에서 다차원척도 분석 결과 도출된 차원의 수에 따른 스트레스(stress) 값을 〈예시 10〉에 제시하였다. 2차원까지 추출하였을 때 스트레스 값은 .31(R^2=.49), 3차원까지 추출하였을 때 .21(R^2=.64), 4차원까지 추출하였을 때 .15(R^2=.75), 5차원까지 추출하였을 때 .13(R^2=.79), 6차원까지 추출하였을 때 .11(R^2=.83)로 나타났다. 또한, 스트레스 플롯(stress plot)을 그려보았는데(예시 11), 2차원에서 스트레스 값이 크게 줄어들었고, 3차원 이상의 수에서는 스트레스 값이 완만하게 감소하는 것으로 나타났다.

저자는 Kane과 Trochim(2007)이 제시한 0.205-0.365의 범위에 있는 2차원과 3차원의 공간에 진술문의 점들을 배치하여 보았다. 이때, 3차원보다는 2차원에서 좀 더 의미를 명확하게 해석을 할 수 있었고, 진술문의 군집도 뚜렷하게 구분되었다. 따라서, 저자의 연구에서 2차원으로 차원의 수를 정하는 것이 적절하다고 판단하였다.

<예시 10> **차원별 스트레스 값 및 설명량**

차원의 수	스트레스 값(stress)	설명량(R^2)	설명량 증가
1차원	.57	.19	-
2차원	.31	.49	.30
3차원	.21	.64	.15
4차원	.15	.75	.11
5차원	.13	.79	.04
6차원	.11	.83	.04

출처: 박애실(2020)

<예시 11> **차원에 따른 스트레스 플롯(Stress Plot)**

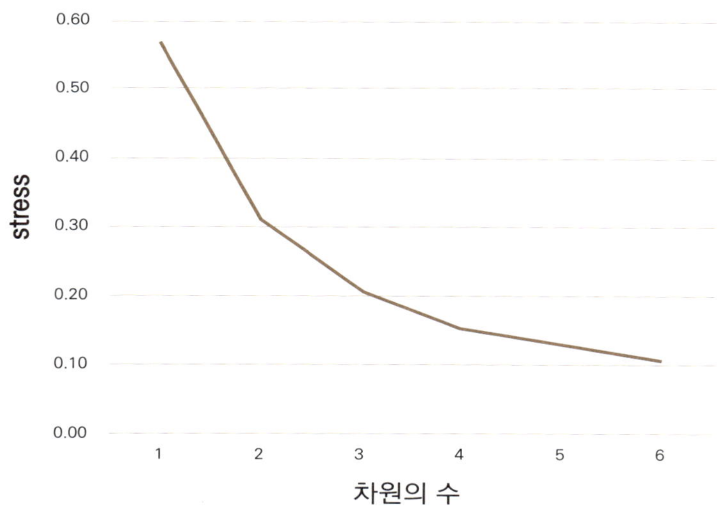

출처: 박애실(2020)

2) 차원의 의미 해석

저자의 연구(박애실, 2020)에서 1차원(X축)을 '구조화 개입-심리내적 개입' 차원으로, 2차원(Y축)을 '내담자 문제(problem) 초점-내담자 존재(being) 초점'으로 명명하였다. 여기서는 저자가 X축과 Y축 차원의 의미를 해석했던 과정을 소개하면서 차원의 의미를 해석하는 방법을 설명하고자 한다. 차원을 해석하기 위해서는 진술문의 위치와 내용을 자세히 살펴보아야 한다. 저자는 〈예시 12〉와 〈예시 13〉을 참조하여 다차원분석 결과에서 진술문의 위치와 내용을 하나씩 살펴보았다.

<예시 12> **다차원분석 결과(1차원x2차원)**

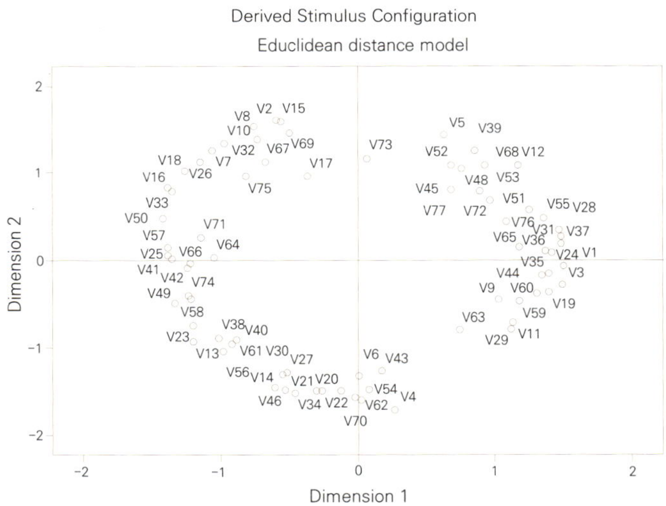

출처: 박애실(2020)

<예시 13> 다차원분석 결과 좌표값

	D1	D2
1	1.5008	−0.0603
2	−0.5946	1.6117
3	1.4931	−0.2804
4	0.2674	−1.7118
5	0.6315	1.4388
6	0.0087	−1.3235
7	−1.0586	1.2568
8	−0.7563	1.5387
9	1.0264	−0.4431
10	−0.9687	1.3388
11	1.1356	−0.7059
12	1.1683	1.0897
13	−1.2002	−0.9287
14	−0.6036	−1.4549
15	−0.5598	1.5986
16	−1.3806	0.8271
17	−0.3629	0.9555
18	−1.2634	1.0187
19	1.3935	−0.3589
20	−0.1227	−1.4845
21	−0.301	−1.4903
22	−0.2645	−1.4849
23	−1.2005	−0.7431
24	1.414	0.0912
25	−1.3819	0.059
26	−1.1445	1.1252
27	−0.5122	−1.2832
28	1.4655	0.3506
29	1.1177	−0.7841
30	−0.5471	−1.3044
31	1.4803	0.2796
32	−0.728	1.3901
33	−1.3498	0.7818
34	−0.4564	−1.5224
35	1.3901	−0.1475
36	1.3658	0.1034
37	1.4832	0.2026
38	−1.0138	−0.8823
39	0.853	1.2529
40	−0.9168	−0.9519
41	−1.3513	0.0195
42	−1.2404	−0.081
43	0.177	−1.2615
44	1.3426	−0.1678
45	0.3911	0.9526
46	−0.5292	−1.4825
47	1.3949	−0.153
48	0.7558	1.0452
49	−1.334	−0.4937
50	−1.4166	0.4796
51	1.2495	0.5757
52	0.6827	1.0956
53	0.8928	0.7855
54	0.0791	−1.4767
55	1.3532	0.4852
56	−0.9787	−1.0385
57	−1.3798	0.1476
58	−1.2154	−0.4427
59	1.1784	−0.4628
60	1.3019	−0.3746
61	−0.8868	−0.9028
62	0.0182	−1.5956
63	0.7465	−0.7928
64	−1.0467	0.0369
65	1.1788	0.1529
66	−1.219	−0.0355
67	−0.6761	1.1252
68	0.9278	1.0837
69	−0.4958	1.4671
70	−0.0205	−1.5646
71	−1.1395	0.2629
72	0.9632	0.6793
73	0.0687	1.1697
74	−1.2287	−0.4025
75	−0.8179	0.9552
76	1.0846	0.4394
77	0.6826	0.8049

출처: 박애실(2020)

1차원(X축)의 정적인 방향의 끝에 위치한 치료적인 개입요인 진술문들

1. 위기관리를 위해 상담빈도와 시간을 유연하게 조정한다. (좌표값:1.50)

3. 위급한 경우에는 라포보다는 위기관리를 우선한다. (좌표값:1.49)

37. 내담자에게 자살시도를 하지 않겠다는 약속을 받는다. (좌표값:1.48)

31. 보호자에게 위기상황을 알리고, 위기대처를 할 수 있게 교육한다. (좌표값:1.48)

28. 위급한 순간에 연락할 수 있는 응급연락망을 제공한다. (좌표값:1.46)

24. 내담자의 현재 기능수준에서 다룰 수 있는 문제부터 개선하여 위기수준을 낮춘다. (좌표값:1.41)

1차원(X축)의 부적인 방향의 끝에 위치한 진술문들

50. 반복적인 자살 충동과 시도과정에서 어떤 일이 있었고, 어떤 감정이 있었는지 함께 들여다봐준다. (좌표값:-1.42)

25. 부정적인 감정을 구체적으로 표현할 수 있도록 돕는다. (좌표값:-1.38)

16. 자살사고/충동/시도를 유발하는 정서가 무엇인지 명명하고 확인해주며 안정시켜준다. (좌표값:-1.38)

57. 내담자가 자신의 마음을 표현할 수 있는 다양한 방법(심상, 그림)을 활용한다. (좌표값:-1.38)

41. 내담자가 두려워하는 정서를 피하지 않고, 그 정서에 접촉하게 한다. (좌표값:-1.35)

33. 자살위기까지 가게 된 내담자의 주요 정서(예: 세상에 혼자 남겨진 듯한 절망스러움)를 이해하고 민감하게 반응한다. (좌표값:-1.35)

1차원(X축)의 정적인 방향 끝에는 숙련상담사가 위기관리를 위해 상담의 빈도와 시간을 유연하게 조정하고, 내담자로부터 자살시도를 하지 않겠다는 약속을 받아내고 응급연락망을 제공하며, 보호자에게 위기상황을 알리는 등 구조화 개입 목록들이 위치하고 있었다. 한편, 1차원(X축)의 부적인 방향 끝에서는 자살위기 내담자의 감정을 확인해주고, 구체적으로 표현할 수 있도록 도와주며, 두려운 감정을 다룰 수 있도록 돕는 심리·내적인 개입 목록들이 위치하고 있었다. 따라서, 본 저자는 1차원(X축)을 '구조화 개입-심리내적 개입' 차원으로 명명하였다.

2차원(Y축)의 정적인 방향의 끝에 위치한 치료적인 개입요인 진술문들

2. 내담자 자살위험의 보호요인을 평가한다. (좌표값:1.61)
15. 자살사고/충동/시도에 영향을 준 성장배경을 탐색한다. (좌표값:1.60)
8. 자살충동/시도를 유발하는 핵심신념을 확인한다. (좌표값:1.54)
69. 자살위험을 높이는 과거력, 진단명, 환경을 파악한다. (좌표값:1.47)
4. 자살위기에 영향을 준 대인관계갈등문제를 효과적으로 해결할 수 있는 기술을 습득하도록 돕는다. (좌표값:1.44)
32. 내담자의 정서, 인지, 신체, 행동 측면에서 내담자의 자살위기를 종합적으로 이해한다. (좌표값:1.39)
10. 내담자의 취약한 기능과 자원이 될 수 있는 긍정적인 부분을 파악한다. (좌표값: 1.34)

2차원(Y축)의 부적인 방향의 끝에 위치한 진술문들

4. 자문/수퍼비전/교육분석을 통해 상담사의 어려움을 다루고 내담자에게 도움이 되는 개입에 대한 조망을 넓힌다. (좌표값:-1.71)

62. 상담사가 내담자에게 갖게 되는 부정적인 감정(예: 불안, 화, 좌절, 무력감 등)에 대해 알아차린다. (좌표값:-1.60)
70. 상담사가 자신의 불안을 떨쳐버리기 위한 목적에서 개입하지 않도록 주의한다. (좌표값:-1.56)
34. 살아서 돌아온 내담자에게 반가운 마음을 표현한다. (좌표값:-1.52)
21. 내담자가 상담사에게 의미 있고 중요한 존재임을 표현한다. (좌표값:-1.49)
22. 내담자의 죽음이 상담사에게 영향을 준다고 말해준다. (좌표값:-1.48)
20. 상담사가 내담자의 자살충동/시도로부터 겪는 인간적인 감정들을 개방한다. (좌표값:-1.48)

2차원(Y축)의 정적인 방향 끝에는 자살위기 내담자가 가지고 있는 문제(problem), 즉 성장배경, 핵심신념, 자살위험을 높이는 요인들, 보호요인 등을 이해하는 개입 목록들이 위치하고 있었다. 한편, 2차원(Y축)의 부적인 방향 끝에는 숙련상담사가 내담자를 중요한 존재(being)로서 관계하면서 경험하는 내적인 반응을 인식하고 조절하는 개입 목록들이 위치하고 있었다. 따라서 본 저자는 2차원(Y축)을 '내담자 문제(problem) 초점-내담자 존재(being) 초점'으로 명명하였다.

3) 군집의 수와 군집명 결정

차원의 수를 결정하고 차원의 의미를 해석하는 과정이 질적인 과정인 것처럼, 군집의 수를 결정하고 군집의 이름을 명명하는 과정 또한, 통계분석이 아니라 창의적이고 질적인 과정이다. 군집의 수에 대해 Kane과 Trochim(2007)이 제시한 조언을 참고하면, 연구자는 먼저,

연구주제에 대한 지식을 바탕으로 각 군집의 이름에 대해 미리 생각해볼 수 있다. 이때, 연구참여자들이 부여한 묶음의 주제(군집명)를 참고할 수 있다. 연구자는 군집에 있는 진술문이 유사한지, 그리고 다른 군집과 구별되는지에 대한 지식을 충분히 가지고 있는 것이 도움이 된다.

군집의 수를 정하는 것을 연구자 혼자서 할 수도 있지만, 소수의 전문가 그룹으로부터 자문을 얻을 수 있다. 독자들이 상담학 분야의 연구를 수행할 때에는 해당 연구주제에 전문가인 지도교수님이나 동료 선배 연구자로부터 어떤 군집의 수가 가장 좋은 해석인지에 대한 조언을 구할 수 있을 것이다.

군집의 수를 결정할 때에는 가장 적은 수부터 가장 많은 수까지 차례로 살펴보면서, 가장 의미 있는 해석이 나오는 군집의 수를 찾는다. 군집분석 통계방법에 따라 다른 결과가 산출되기 때문에, 최종 군집의 수는 연구주제와 적절하게 결정되어야 한다. Gol과 Cook(2004)은 군집의 수와 군집명을 결정하기 위한 지침으로, 참여자들이 분류한 묶음의 수를 고려하고, 각 군집의 개념적인 명료성, 군집 내 진술문의 유사성, 군집 간의 차별성에 근거하여 결정할 것을 제안하였다.

저자의 연구(박애실, 2020)에서 군집의 수와 군집명을 결정하는 과정을 예시로 하면, 저자의 연구에서 연구참여자들은 유사성 분류에서 자살위기상담의 치료적 개입요인에 대한 77개의 진술문을 최소 4개에서 최대 18개의 범주로 분류하였다(M=12.0 SD=4.38). 군집분석(Ward 방법) 덴드로그램(예시 14)을 참조하여 2개의 군집에서 8개의 군집까지 비교하면서 가장 의미 있는 군집의 수를 찾았다. 이후, 군집에 포함된 진술문 내용의 유사성과 다른 군집 간의 차별성을 고려하여 전체의 구조와 의미를 살펴보면서 각 군집의 이름을 결정하였다. 그 결과, 군집 1은 '안전 확보를 위한 구조화(structuralization for securing safety)', 군집 2는 '내담자 적극적 옹호(active advocacy for the client)', 군집 3은 '대처

기술교육(coping skills training)', 군집 4는 '내담자 자살위기 사례개념화(conceptualization of the client's suicide crisis)', 군집 5는 '정서 확인 및 타당화(emotional identification and validation)', 군집 6은 '임파워먼트(empowerment)', 군집 7은 '상담사 자기개방(counselor self-disclosure)', 군집 8은 '상담사 자기인식 및 조절(counselor self-awareness and regulation)'로 명명하였다(예시 17). 이 과정에서 연구참여자들이 묶음의 주제로 제안한 내용을 참고하였으며, 최종 군집명을 결정하기 전에 한 번 더 연구참여자의 의견을 반영하였다. 저자는 또한 개념도 연구를 다수 수행하고, 자살위기 상담에 대한 지식이 풍부한 지도교수님과 심사위원 네 분 교수님 모두에게 적절한 군집의 수에 대한 의견을 구하였고, 최종 결정을 내리기 전에 참고하였다. 차원의 수와 의미, 그리고 군집의 수와 이름을 결정하는 과정은 결과의 가장 의미 있는 해석을 찾아가는 창의적이고 질적인 과정에 해당된다. 독자들도 이 과정을 충분히 고민하면서 의미 있는 해석을 찾아가길 바란다.

<예시 14> 군집분석(Ward 방법) 덴드로그램

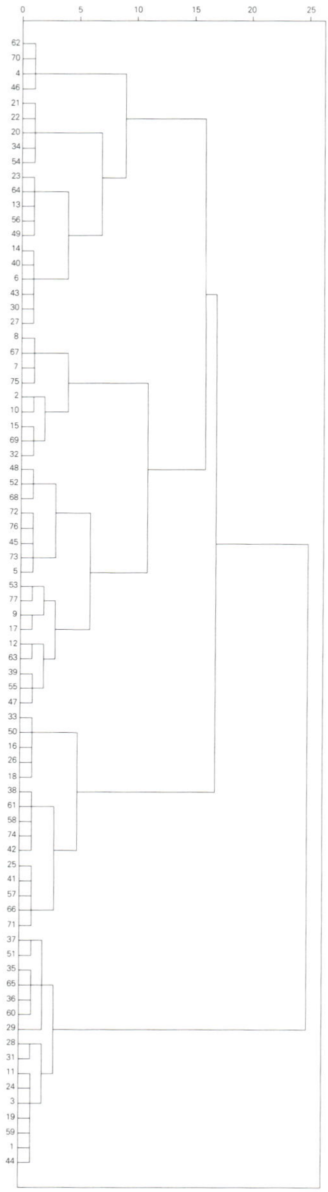

출처: 박애실(2020)

4) 중요도 평균 계산

차원의 수와 군집의 수가 결정되면, 각 진술문에 대해 연구참여자들이 중요도 평정한 결과에 대한 평균과 표준편차를 계산한다. 저자의 연구(박애실, 2020)에서는 숙련상담사인 연구참여자들에게 각 진술문이 자살위기상담의 치료적인 개입요인으로서 중요도를 7점 리커트 척도(1점: 전혀 중요하지 않다, 7점: 매우 중요하다)로 평정해줄 것을 요청하였고, 각 진술문에 대한 중요도 평균과 표준편차를 구하였다. 분석 결과, 77개의 진술문은 중요도 평균이 4.23 이상으로 모두 '보통'(4점) 이상의 중요도를 가진 것으로 연구참여자들이 평가하였다. 또한, 〈예시 15〉에 제시한 중요도 평균값이 6.0 이상인 최종진술문 28, 59, 38, 31, 32, 51, 4, 76, 24, 75는 숙련상담사가 자살위기상담에서 가장 중요하게 고려하는 치료적 개입요인인 것으로 나타났다.

<예시 15> **중요도 평균값이 6.0 이상인 최종진술문**

	대표진술문	평균	표준편차
28	위급한 순간에 연락할 수 있는 응급연락망을 제공한다	6.46	0.78
59	위급한 경우, 내담자의 안전부터 먼저 확인하고 내담자가 진정되도록 돕는다	6.38	0.77
38	내담자의 절망감을 같이 견디며 고통의 자리에 함께 있어준다	6.31	0.63
31	보호자에게 위기상황을 알리고, 위기대처를 할 수 있게 교육한다	6.23	0.83
32	내담자의 정서, 인지, 신체, 행동 측면에서 내담자의 자살위기를 종합적으로 이해한다	6.23	1.09
51	자살과 관련된 비밀보장의 한계에 대해 내담자에게 알리고 함께 논의한다	6.23	0.83
4	자문/수퍼비전/교육분석을 통해 상담사의 어려움을 다루고 내담자에게 도움이 되는 개입에 대한 조망을 넓힌다	6.00	1.41
76	대처를 위한 행동단계를 매우 구체적으로 알려준다	6.00	0.82
24	내담자의 현재 기능수준에서 다룰 수 있는 문제부터 개선하여 위기수준을 낮춘다	6.00	1.00
75	내담자가 왜 자살시도를 하였는지 자신의 의도를 스스로 알도록 돕는다	6.00	1.00

출처: 박애실(2020)

군집에 대한 중요도 평가 결과를 통해, 군집의 중요도에 대한 해석을 시도해볼 수 있다(예시 16 참조). 저자의 연구에서는 군집 8 '상담사 자기인식 및 조절'(M=5.77)의 중요도 점수가 가장 높았다.

<예시 16> **치료적인 개입요인 군집별 중요도 평균**

군집	평균	표준편차
군집 1: 안전 확보를 위한 구조화	5.59	0.70
군집 2: 내담자 적극적 옹호	5.27	0.85
군집 3: 대처기술교육	5.27	0.91
군집 4: 내담자 자살위기 사례개념화	5.63	0.73
군집 5: 정서 확인 및 타당화	5.54	0.58
군집 6: 임파워먼트(Empowerment)	5.15	0.92
군집 7: 상담사 자기개방	4.91	1.08
군집 8: 상담사 자기인식 및 조절	5.77	0.86

출처: 박애실(2020)

5) 개념도 지도의 시각적 표상

개념도 연구방법은 연구참여자들이 특정 현상을 이해하고 해석하는 데 사용하는 내면의 인식 구조를 시각적으로 확인할 수 있도록 도와주며(Goodyear et al., 2005), 이들 시각적 표상은 직관적으로 이해하기 쉬워 효과적인 의사소통이 가능하다는 장점을 가지고 있다(민경화, 최윤정, 2007). 차원의 수와 의미, 군집의 수와 군집명이 결정되면, 연구자는 연구 목적에 적합한 가장 효과적인 시각적 표상 방법을 결정하게 된다. 개념도에서 시각적인 자료를 제시하는 방법에는 1장에서 자세히 소개하였듯이 포인트 지도(point map), 군집 지도(cluster map), 포인트 평정 지도(point rating map), 군집 평정 지도(cluster rating map), 패턴 매칭(pattern matching), Go-zone 등이 있다. 이들은 개념도를 위한 특정 프로그램을 활용하거나, SPSS를 이용하여 다차원척도법과 위계적 군집 분석을 실시한 결과를 수작업이나 포토샵 프로그램으로 작성하는 방법이 있다. 저자의 연구에서 도출된 개념도의 시각적인 표상을 〈예시 17〉에 제시하였다. 저자가 탐독한 대부분의 국내외 상담학 분야 연구들은 군집 지도를 많이 활용하고 있다. 반면에, 교육학, 복지학에서는 상대적으로 다양한 방법들을 시도하고 있는 것으로 조사되고 있다. 독자들은 자신의 연구 목적을 잘 드러낼 수 있는 다양한 시각적 표상 방식을 창의적으로 시도해보길 바란다. 개념도 지도의 시각적 표상에 대한 구체적인 예시는 3장에서 소개할 예정이다.

시각적인 표상에서 연구자는 개념도의 활용을 위한 해석을 시도한다. 개념도 지도에서 군집이 서로 근접해 있을수록 시간적으로 동시에 일어나거나 서로 관련이 깊은 군집일 수 있다. 예를 들어, 저자의 개념도 지도에서는 군집 1 '안전 확보를 위한 구조화', 군집 2 '내담자 적극적 옹호', 군집 3 '대처기술교육'이 서로 겹쳐 있거나 가까이 위치해 있는데, 이로부터 숙련상담사는 자살위기상담에서 안전확보를 위한 구조화와 대처기술교육을 적용하는 데 있어서 내담자를 적극적으로 옹호하기 위한 행동을 동시에 취한다고 해석해볼 수 있다.

<예시 17> 자살위기상담의 치료적인 개입요인에 대한 개념도

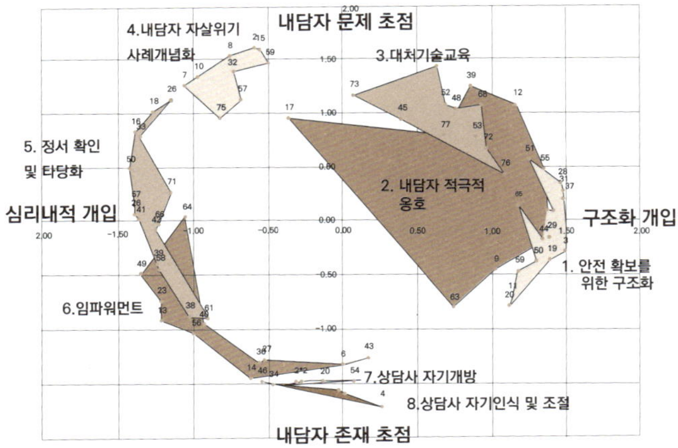

출처: 박애실(2020)

11 연구타당성 평가

개념도 연구는 질적인 자료로부터 아이디어를 추출하기 때문에 탐색적 성격과 부합한다 (Johnsen et al., 2000; Paulson et al., 1999). 따라서, 연구참여자로부터 수집되는 질적 자료가 연구 목적에 적절한지, 자료 수집이 포괄적인지 다음과 같은 타당성을 제고하여야 한다.

첫째, 개념도 연구는 연구참여자가 연구 자료원이 되기 때문에 연구주제에 대한 풍부한 아이디어를 제공할 수 있는 연구참여자를 선정하는 것이 자료수집 과정의 타당성을 확보하는 데 중요하다.

둘째, Kane과 Trochim(2007)은 참여자로부터 연구주제에 대해 충분한 아이디어를 얻는 것이 중요하다고 강조하였다. 이는 질적 연구에서 사용하는 이론적 포화상태 개념으로 이해할 수 있다. 이론적 포화상태란 해당 연구에서 새로운 자료가 나타나지 않음을 의미하며, 이는 연구 결과의 안정성과 연결이 된다(Hill, Thompson, & Williams, 1997). 포화상태를 확인하기 위해서 연구자는 자료수집과 자료 분석을 동시에 시작을 하며, 새로운 아이디어가 더 이상 나오기 전까지 이미 면담에 참여한 참여자들에게 다시 연락을 하거나 참여자들을 추가로 모집을 한다.

셋째, 개념도 연구에서 연구주제에 대한 아이디어 진술문을 수집하기 위해 초점질문의 구성이 중요하다. 초점질문은 연구참여자가 명확하게 이해할 수 있어야 하고, 충분한 아이디어를 이끌어낼 수 있어야 한다. 이를 위해서 전문가의 의견을 수렴하고 예비연구를 실시하는 것이 도움이 된다.

넷째, 개념도 연구에서 아이디어 진술문을 추출하고, 이 기초 아이디어 진술문을 종합하여 대표진술문을 형성하고, 차원의 수와 군집의 수를 결정하여 이들의 명칭을 정하는 과정에서 연구참여자의 인식이 최대한 반영되는 과정이 중요하다. 이는 질적 과정에 해당하며, 질적 연구에서 사용하는 연구타당성 평가 기준을 소개하고자 한다.

Guba와 Lincoln(1981)은 질적 연구를 평가하는 4가지 기준을 제시하였다. 첫째, 사실적 가치(truth value)이다. 이는 연구의 발견이 연구참여자의 의견을 정확하게 반영하였는가에 대한 부분으로 양적 연구의 내적 타당도와 비슷한 개념이다. 현상을 연구참여자의 해석과 경험을 있는 그대로 충실하게 서술하였는가를 의미한다. 이를 위해서는 연구참여자의 피드백을 지속적으로 반영하는 것이 중요하다. 둘째, 적용가능성(applicability)이다. 이는 연구 결과가 일반화될 수 있는지에 관한 것으로, 양적 연구의 외적 타당도와 유사한 개념이다. 다른 질적 연구와 마찬가지로, 개념도 연구는 참여자들이 모집단을 완벽히 대변할 수 없고, 연구의 특성상 참여자가 여러 차례 연구에 참여하기 때문에 현실적으로 큰 표본을 사용하기가 어렵다. 따라서, 개념도의 결과를 일반화하는 데에는 한계가 있다. 하지만, 이에 대해서는 일반 질적 연구에서 사용하는 적합성(fittingness)을 고려할 수 있다. 적합성이란, 연구자가 연구절차와 연구참여자에 대한 상세한 정보를 제공하여, 독자가 연구를 읽었을 때, 자신의 경험과 비교하였을 때 이를 비슷하게 적용할 수 있다고 판단할 수 있는지, 연구 상황 이외의 맥락에도 적절한지 판단하는 것을 의미한다(박승민 외, 2012; Goba & Lincoln, 1981). 여기에는 연구참여자 선정기준과 제외기준에 대한 근거, 반구조화된 설문지, 연구참여자 모집 방법, 면담 과정에 대한 기술(면담 시간, 횟수, 장소 등), 면담 과정에서 이루어진 상세한 과정, 자료 분석에서 이루어진 상세한 과정 등을 포함한다. 셋째, 일관성(consistency)은 연구를 반복하였을 때, 그 연구 결과가 동일하게 나타날 수 있는지를 묻는 개념으로 양적 연구의 신뢰도를 의미한다. Guba와 Lincoln(1981)은 감사 가능성(audibility)의 개념을 소개하였는데, 연구자가 수행한 절차를 다른 연구자가 이해할 수 있고, 비슷한 결론에 도달할 수 있는지를 의미한다. 이를 위해 연구자는 연구절차를 충분히 자세하게 기술하는 것이 필요하다. 넷째, 중립성(neutrality)은 연구 과정과 결과에서 연구자의 편견이 배제되어야 함을 의미한다.

저자의 연구(박애실, 2020)에서 연구타당성을 확보한 과정을 소개하면 다음과 같다. 첫째, 사실적 가치를 확보하기 위해 저자는 연구참여자들에게 연구결과물을 보여주고, 연구참여자의 경험과 인식을 잘 드러내고 있는지에 대한 확인과정을 여러 차례에 걸쳐서 가졌다. 축어록에서 추출한 기초 아이디어 진술문이 참여자들이 인식하는 자살위기상담의 치료적 개입인지 확인하였다. 2인 이상이 공통으로 언급한 기초 아이디어 진술문을 종합하여 대표진술문을 만든 후, 이 대표진술문이 참여자가 이해할 수 있고, 자살위기상담의 치료적 개입요인으로 적절한지에 대한 의견을 수렴하였다. 마지막으로, 군집명의 명칭에 대한 의견을 반영하였다. 이와 같이 연구 과정 전반에 걸쳐서 연구참여자들의 의견을 반영하여, 연구자가 수정하는 과정을 반복하였다. 둘째, 적용 가능성을 확보하기 위해, 연구에 참여하지 않았지만, 연구참여자 선정기준에 해당하는 숙련상담사 5인과 논문심사위원 5인에게 대표진술문을 보여주고, 자신의 자살위기상담 경험에 비추어 치료적 개입요인으로 적절한지에 대한 검증을 요청하였다. 이들의 의견을 반영하여 77개의 최종진술문을 선정하였다. 또한, 연구의 결과의 적절성을 판단하는 데 도움이 되도록 연구절차와 연구참여자에 대한 상세한 정보를 연구방법에 제시하였다. 셋째, 일관성을 확보하기 위해, 분석과정과 결과에 대한 객관성을 확보하기 위해, 개념도 연구를 수행한 경험이 있고 자살위기상담을 수행하거나 자살위기상담 연구를 다수 진행해본 적이 있으며 상담 분야 교수로 재직하고 있는 심사위원 5인으로부터 지속적으로 자문과 논의하는 과정을 가졌다. 넷째, 중립성을 확보하기 위해, 연구자의 편견이 반영되지 않도록, 구조화된 개념도 방법의 절차에 의해 자료를 분석하였고, 참여자들의 인식, 즉 자살위기상담에서 치료적인 개입요인에 대한 참여자들의 경험을 충분히 드러내고자 하였다. 저자는 자살시도 내담자와 다수의 상담을 진행하고, 상담 관련 자격증을 소지한 상담전공 박사 수료생인 2인과 함께 합의팀을 이루어 브레인스토밍 내용에서 치료적인 개입요인을 추출하였다. 5차례에 걸쳐 총 20시간의 합의 시간을 갖고 구조화된 절차에 따라 연구참여자의 인식이 드러나도록 노력하였다.

마지막으로, 해외 학술지인 Bedi(2006), Kemer, Borders, & Willse(2014), Park, Kim, & Shin(2022)에서 활용한 진술타당도(testimonial validity) 개념에 대해서 소개하고자 한다. 진술타당도(testimonial validity)는 자료의 해석이 참여자의 의도와 일치하는 정도를 의미한다(Elliott, Fischer, & Rennie, 1999). 이들 연구들은 진술타당도를 확보하기 위해 브레인스토밍된 자료에서 기초 아이디어 진술문을 추출할 때 최대한 연구참여자의 언어를 그대로 유지하려고 노력하였으며, 연구참여자에게 기초 아이디어 진술문과 최종진술문을 보여주고, 연구참여자의 관점과 경험을 충분히 반영하고 있는지 확인하도록 요청하고 이들의 의견을 반영하였다. 또한, 유사성 분류에서 연구참여자가 제안한 범주 명칭을 군집명에 반영하려고 노력하였다. 독자들은 위의 학술지를 탐독해보길 바란다.

자신의 연구에 적용하기 10

자신의 개념도 연구과정 및 결과에 대한 타당도를 평가해보자. 만약에 자신의 연구주제와 자료를 가지고 분석하였다면, 분석 결과에 대한 전문가의 검토, 연구참여자의 검토, 연구에 참여하지 않았지만 연구참여자와 유사한 경험을 가진 제3자의 의견을 수렴하여 자신의 연구의 결과를 수정하는 작업을 계획해보자.

12 개념도 활용 및 글쓰기 (Step 6)

개념도 지도에 대한 해석이 끝나면, 연구자는 글쓰기 단계에 들어간다. Kane과 Trochim(2007)은 기관의 계획과 평가 과정에서 이해관계자의 의견을 수렴하기 위해 개념도의 구조화된 절차를 실시하고, 그 해석내용을 기관의 계획과 평가에 적용하는 과정을 소개하였다. 개념도 연구방법을 활용한 상담학 연구에서 개념도 활용은 곧 글쓰기를 통해, 해당 연구가 상담학 분야에서 갖는 학문적인 의의와 실제적인 의의를 소개하는 부분이 중요한 부분을 차지할 것이다. 글쓰기는 APA 양식을 통해, 저자가 자신의 아이디어를 명확하고 간결하며 조직적인 방식으로 제시하여 효과적인 학문적 의사소통을 하는 것이 중요하다(American Psychological Association, 2021). 자세한 양식은 APA 논문작성법 제7판(American Psychological Association, 2021)을 참고하길 바란다. 여기서는 저자의 연구(박애실, 2020)를 인용하여 학위논문 글쓰기 과정을 설명하고자 한다.

1) 서론과 이론적 배경

<예시 18> **서론과 이론적 배경 목차 예시**

제 1 장 서론

제 1 절 연구의 필요성 및 목적
제 2 절 연구문제

제 2 장 이론적 배경

제 1 절 용어의 정의
1. 자살위기
2. 치료적인 개입요인

제 2 절 자살위기 평가의 어려움
제 3 절 자살위기상담 선행연구
1. 자살방지 행동 동의서
2. 지시적 개입 vs. 비지시적 개입
3. 자살위기상담 관련 질적 연구

출처: 박애실(2020)

서론. 개념도 연구의 서론에는 다른 연구와 마찬가지로, 연구주제가 중요한 이유를 밝히고, 선행연구를 개관하며, 연구가 왜 수행되어야 하는지 연구의 목적과 문제를 기술하는 것이 필요하다(American Psychological Association, 2013). 혼합 연구은 질적 연구 혹은 양적 연구로 산출된 연구 결과로부터 얻지 못하는 통찰을 혼합 연구를 통해 얻을 수 있다고 기본 가정을 하고 있다(Creswell, 2014; American Psychological Association, 2021 재인용). 따라서, 연구자는 다른 양적 혹은 질적 연구방법과 비교했을 때 개념도 연구의 장점을 기술할 수 있어야 한다. 특히, 개념도 연구방법론을 왜 사용하는지에 대한 명확한 이유를 제공하는 것이 필요하다. 개념도 연구는 구조화된 연구절차로 여러 결과(아이디어 목록, 아이디어 목록의 시각적 표상, 중요도)를 도출하는데 이 결과들이 모두 왜 필요한지에 대해서 연구자가 명확한 이유를 제시하는 것이 필요하다. 이때, 연구자가 수행하는 연구의 중요한 이유와 해당 분야에 예상되는 이론적 실제적 의의에 대해서 명확하게 진술하는 것이 좋다.

이론적 배경. 여기서는 관련 주제의 선행연구를 요약하여 학문적으로 설명하는 것이 필요하다. 최근 연구 결과를 소개하고, 선행연구의 결과의 한계에서 확대될 필요성이 있는 연구에 대한 설명이 포함되어야 한다(American Psychological Association, 2013). 또한, 필요하다면 연구에서 중요한 용어들에 대한 정의를 논의하고 시작한다.

2) 연구방법

개념도 연구방법은 비교적 새로운 연구방법에 속하기 때문에, 개념도 연구에 대한 설명을 참고문헌과 함께 제시하는 것이 필요하다. 이후 개념도 연구가 어떻게 실시되었는지 상세하게 기술해야 한다. 방법 부분에서는 개념도 연구절차의 6단계를 간단하면서도 명확하게 기술하는 것이 중요하다. 개념도가 익숙하지 않은 독자들에게는 개념도의 연구설계가 복잡하게 여겨질 수 있기 때문에, 개념도 연구방법이 익숙하지 않은 독자들도 이해할 수 있도록 간단하면서 용이해야 한다. 이때 도움이 되는 것은 연구방법을 하위 절로 나누어 제시하는 것이다. 특히, 학위논문은 분량의 제한에 상대적으로 자유롭기 때문에 하위 절은 유용한 제시방법이다. 〈예시 19〉는 저자 학위논문의 연구방법 목차이다. 저자는 하위 절을 통해 독자가 연구방법의 구체적인 정보를 찾을 수 있도록 돕고자 하였다.

<예시 19> **연구방법 목차 예시**

제 3 장 연구 방법

제 1 절 개념도

제 2 절 연구 참여자

1. 아이디어 진술문 생성 과정 참여자
2. 초점질문 개발 과정 참여자
3. 아이디어 진술문의 종합·편집 및 적절성 평가 참여자
4. 아이디어 진술문의 유사성 분류 및 중요성 평가 참여자

제 3 절 예비연구 및 초점질문 개발

1. 연구 방법
2. 연구 결과

제 4 절 본 연구의 연구절차

1. 치료적인 개입요인에 관한 아이디어 진술문 수집
2. 치료적인 개입요인에 관한 아이디어 진술문 도출
3. 치료적인 개입요인 진술문 통합 및 편집
4. 최종진술문 목록의 유사성 분류 및 중요도 평정
5. 자료수집 과정의 타당성 제고
6. 자료 분석: 차원, 군집, 개념도 도출

출처: 박애실(2020)

연구참여자의 특성. 개념도 연구에는 면담에 참여하는 아이디어 진술문 생성 과정 참여자와 아이디어 진술문의 유사성 분류 및 중요도 평가에 참여하는 참여자 외에도, 초점질문 개발 과정 참여자, 아이디어 진술문의 종합 · 편집 및 적절성 평가 참여자 등 많은 참여자들이 함께 한다. 여기서는 이들 연구참여자에 대한 인구통계학적 특성을 제시한다. 이는 개념도 연구 결과의 일반화와 복제를 통한 비교연구에서 중요한 정보가 될 것이다. 연구참여자(표본)의 인구통계학적 특성을 제시할 때, 결과 해석에 영향을 미칠 수 있는 특성을 명확히 기술하여, 독자가 표본의 특징과 연구 결과의 일반화 정도를 이해할 수 있도록

돕는 것이 필요하다(American Psychological Association, 2013).

예비연구. 앞서 언급한 것처럼, 개념도 연구에서는 연구참여자들로부터 연구자가 원하는 주제에 대한 아이디어 진술문을 충분히 얻기 위해서 예비연구를 통해 초점질문의 의도가 연구참여자에게 충분히 이해되는지 확인하는 과정이 필요하다. 예비연구에서, 연구자는 지도교수와 다른 동료 연구자, 연구 전문가로부터 의견을 수렴할 수 있다. 연구자는 예비연구 수행과정과 초점질문 개발 과정을 기술하여 독자의 이해를 도울 수 있어야 한다.

본 연구의 연구절차. 예비연구 이후의 본 연구의 수행 절차를 기술한다. 연구절차를 상세하게 기술하는 것은 독자가 연구방법의 적절성과 연구 결과의 타당성을 평가하게 하는 데 중요한 부분이다(American Psychological Association, 2013). 또한, 다른 연구자도 같은 절차로 연구를 수행했을 때 비슷한 결과에 도달할 수 있게 도와준다.

3) 결과

<예시 20> **연구 결과 목차 예시**

제 4 장 연구 결과

제 1 절 자살위기상담의 치료적인 개입요인의 내용
제 2 절 자살위기상담의 치료적인 개입요인에 대한 인식
1. 자살위기상담의 치료적인 개입요인에 대한 인식의 차원
2. 자살위기상담의 치료적인 개입요인의 군집

제 3 절 자살위기상담의 치료적인 개입요인의 중요도
1. 자살위기상담의 치료적인 개입요인의 내용별 중요도
2. 자살위기상담의 치료적인 개입요인의 군집별 중요도

제 4 절 개념도 해석
제 5 절 군집별 대표진술문
1. 안전 확보를 위한 구조화 (군집 1)
2. 내담자 적극적 옹호 (군집 2)
3. 대처기술교육 (군집 3)
4. 내담자 자살위기 사례개념화 (군집 4)
5. 정서 확인 및 타당화 (군집 5)
6. 임파워먼트(Empowerment) (군집 6)
7. 상담사 자기개방 (군집 7)
8. 상담사 자기인식 및 조절 (군집 8)

출처: 박애실(2020)

연구 결과는 연구에서 발견된 것을 공유하는 부분으로 연구문제에 대한 연구 결과를 제시한다. 저자의 연구(박애실, 2020)에서 다음과 같이 세 개의 하위 연구문제가 있었으며, 이에 대해 먼저 연구 결과를 제시하였고 이후 개념도 해석과 군집별 대표진술문을 기술하였다.

연구문제. 숙련상담사가 인식하는 자살위기상담의 치료적인 개입요인은 무엇인가?

1-1. 숙련상담사가 인식하는 자살위기상담의 치료적인 개입요인의 구체적인 내용은 무엇인가?
1-2. 숙련상담사가 인식하는 자살위기상담의 치료적인 개입요인의 차원과 군집은 무엇인가?
1-3. 자살위기상담의 치료적인 개입요인에 대해 숙련상담사가 부여하는 상대적 중요도는 어떠한가?

여기서 잠시 저자가 글쓰기 과정에서 고민했던 내용을 간략히 소개하고자 한다. American Psychological Association(2021)은 혼합 연구 논문에서 질적 연구와 양적 연구의 통합된 내용을 기술할 필요성을 강조하였다. 또한, 연구자는 개념도의 질적 연구와 양적 연구가 어떻게 연구 목적에 기여하고 있는지 논문에서 제시할 수 있어야 하며, 연구 목적에 대한 깊은 이해를 제공하는지 전달할 수 있어야 한다고 강조하였다. 하지만, 기존의 선행연구들은 연구참여자들의 인터뷰 내용과 기초 아이디어 진술문의 목록이라는 풍성한 질적 내용을 포함하고 있음에도 불구하고 논문에서는 최종진술문 목록과 개념도의 시각적 표상만 간단히 제시되어 있다는 한계가 있다. 다시 말해, 양적 연구로 얻어진 연구 결과에 대한 기술에만 초점을 맞춘 경향이 있다. 저자는 학위논문에서는 개념도 연구의 장점을 활용할 방법이 없을지 고민하였다. '연구참여자로부터 얻은 자살위기상담의 치료적 개입요인에 대한 풍성한 질적 자료를 어떻게 학위논문 안에 제시할 수 있을까?', '제시한다면, 전체 연구과정에서 도출된 방대하고 매우 복잡한 자료들을 어떻게 잘 정리할까?', '연구참여자들이 자살위기상담 개입을 제공한 생생한 경험(면담 내용)을 개념도 연구의 결과기술에서 드러낼 수 있는 방법이 있을까?', '기초 아이디어 진술문에는 자살위기상담의 치료적 개입에 대한 풍부한 예시가 있는데, 이들 진술문을 종합하고 편집한 복잡한 과정들을 어떻게 잘 정리해서 제시할 수 있을까?' 자살위기상담의 상담과정에 대한 연구가 매우 부족한 상황에서 이들 질적 자료는 후속연구에도 중요한 기초자료가 될 것이며, 무엇보다 실무에서 자살위기개입으로 어려움과 막막함을 경험하는 상담사들에게 개입에 대한 구체적인 예시를 제공하는 교육자료로 활용될 수 있기 때문이다. 그에 대한 해답으로 학위논문 목차 안에 [제 5 절 군집별 대표진술문]을 추가하여, 대표진술문별로 연구참여자들의 면접 내용을 기술하였다. 이 과정에서 내담자의 정보가 포함되는 부분은 삭제 및 각색하였으며, 해당 면접 내용이 논문 안에 포함해도 괜찮은지에 대해 연구참여자의 동의를 얻었다. 또한, 각 기초 아이디어 진술문에 구별되는 고유번호를 부여하여, 전체의 목록을 [부록]에 체계적으로 정리하여 제시하였다. 이런 새로운 시도에 대해서 지도교수님과 심사에 참가하는 네 분의 교수님이 모두 적극 지지해주었다. 상담학 분야에서 개념도 연구방법을 활용하여 다양한 연구를 수행할 때에 연구의 결과를 잘 드러낼 수 있는 창의적인 방법을 본 책을 읽는 독자들도 시도해보길 응원한다. [제 5 절 군집별 대표진술문]의 일부를 〈예시 21〉에 제시하였다. 전체 내용은 논문(박애실, 2020)을 참고하길 바란다.

<예시 21> 군집별 대표진술문의 예시

제 5 절 군집별 대표진술문

1. 안전 확보를 위한 구조화 (군집 1)

군집 1은 위기 상황 시 내담자를 안정시키고 안전을 확보하기 위해 상담을 구조화하는 대표진술문들로 구성되어 있다. 군집 1은 '안전 확보를 위한 구조화'로 명명하였으며, 총 16개의 대표진술문이 있다(1번, 3번, 11번, 19번, 24번, 28번, 29번, 31번, 35번, 36번, 37번, 44번, 51번, 59번, 60번, 65번).

대표진술문 1. 위기관리를 위해 상담빈도와 시간을 유연하게 조정한다

대표진술문 1번은 자살위기에 있는 내담자와 상담을 하기 위해 일반상담보다 더 자주(주 2회 이상) 만나거나 상담의 구조를 유연하게 잡는 기초진술문들을 대표한다. 예를 들어, 오전에 30분 상담을 진행한 후 보건진료소로 가서 약을 처방받게 하고 오후에 나머지 30분 상담을 진행하여, 내담자가 빠른 시간 안에 안정되도록 돕는 개입이 언급되었다.

> 참여자 3: 이거는 위기사례라서 특별히 그래서 처음에 만났을 때는 짧게 했고 그다음 보건진료소 일단 가서 약 처방을. 왜냐하면 그 충동이 얘가 못 이길 정도로 올라오는 게 있으니까 일단 빨리 약물처방을 조금 하는 게 그래도 안정을 시키는 게 좋을 거라고 생각을 해가지고 오전에 한 30분 정도만 빨리 보고 보건진료소 갔다가 와서 이제 먹고 온 거 확인하고 그리고 나서 위기상황이랑 지금 뭐가 문제인지 그런 거 탐색하는 걸 오후에 했던 것 같아요. 그때 조치 좀 취하고

대표진술문 3. 위급한 경우에는 라포보다는 위기관리를 우선한다

대표진술문 3번은 위급한 경우에는 상담사가 라포 형성을 포기하더라도, 안전 확보에 필요한 질문과 개입을 진행하고 자주 만나서 관찰을 하는 기초진술문들을 대표한다.

> 참여자 1: '너무 얘기하기 싫어해서. 이게 라포 형성이라기보다는 정말 위급했기 때문에 정말 내가 관리를 하겠다. 상담관계라기보다는 관리를 들어가야겠다. 라포를 약간 포기하더라도.' 그런 식으로 생각을 했어요. 처음부터 너무 위급해서. 그 뒤로도 주기적으로 자주 만나자고 했어요. (중략) 그래서, 일주일에 처음에는 거의 2-3번 이상 만나고 연락하고, 그래서 처음에 관찰가능한 행동이나 상태를 보면은, 표정 별로 없고, 얘기하기 싫어하고, 굉장히 무력하고

대표진술문 11. 내담자의 기능수준이 낮은 경우, 안전에만 신경을 쓰며 위기 순간을 버티는 데 집중한다

대표진술문 11번은 내담자가 매우 우울하거나, 성격장애를 가지고 있거나, 심리내적인 취약성이 높아서 다른 상담적인 개입을 하기 힘든 경우, 안전에만 신경을 쓰며 위기 순간을 버틴다는 기초진술문들을 대표한다.

참여자 15: '지금은 최대한 이 친구를 안전에만 신경 써야 될 때고 정서를 좀 가라앉혀줘야 되겠다. 지금 우울 때문에 이렇게 자살사고가 이렇게 높아져 있는 걸 그거에만 집중을 해서 그래서 버텨 주는 거다.'라고 생각을 했던 것 같고

대표진술문 19. 우선 자살을 지연시켜 시간을 확보한다

대표진술문 19번은 자살을 예고하고나 지금 당장 시도하려는 내담자에게 우선은 상담에 와서 이야기를 하자고 말하며 몇 시간을 확보하거나, 그 순간을 넘기려고 하는 기초진술문들을 포함한다. 숙련상담사는 몇 주의 시간을 내담자로부터 확보하기 위해, 자살이 아닌 다른 해결책을 제시하는 개입들도 보고하였다.

참여자 13: 그러니까 결국은 아까 얘기했던 것처럼 자살을 실제로 시도하지 않게끔 막는 일종의 보호요인 중의 하나는 내가 죽겠다는 결정을 내리게 된 고통과 관련되는 것들에 대해서 누군가한테는 얘기를 해서 나의 그 고통의 무게를 조금은 덜어야 일단 당장 시도는 안 한다. 그래서 원칙은 지금부터 한 시간만 넘겨보자. 두 시간만 넘겨보자. 한나절만 넘겨보자. 하루만 넘겨보자. 지금 당장 죽지 말고 나를 만나서 결정하자. 그래서 그 시간을 벌기 위한 개입이었던 것 같아요. 그래서 일단은 그게 시도하지 않게끔 하는 거고, 그러면 그 고통은 사실은 대부분은 지나가거든요. 그래서 오늘만 넘기거나 내일만 넘기거나 해도 사실은 지나가더라구요. 그래서 그거를 하게끔 되게 많이 했었던 것 같아요.

대표진술문 24. 내담자의 현재 기능수준에서 다룰 수 있는 문제부터 개선하여 위기수준을 낮춘다

대표진술문 24번은 내담자가 현재 감당할 수 있는 혹은 다루기 쉬운 지점부터 개입을 시도하여 위기수준을 낮추는 기초진술문들을 대표한다. 예를 들어, 병리적인 가족관계를 직접 다루기보다는 현재의 대인관계갈등문제를 다룬다든지, 내담자가 결정할 수 있는 쉬운 자리부터 기존과 다른 대처를 해보도록 하는 개입들이 포함되어 있다.

참여자 3: 그러니까 다른 측면으로는 얘가 다룰 준비가 된 단계부터 하는 거라는 생각이 드는데 거기는 들어갈 수 있는 단계가 아니었어요. 그전 상담도 00회기 했다고 했었잖아요? 어.. 그때도 아무튼 역동을 조금 다루려고 했는데 안 들어가더라고요. (중략)

연구자: 그러니까 이제 그런 식으로.. 깊게 다뤄서 뭔가 기능을 높이는 것보다는 차라리 다른 접근 방식으로..

참여자 3: 지금 당면한. (중략) 그거를 막 가족 역동까지 이런 거는 전혀 못 다룬다 생각하고 걔가 지금 애정관계랑 일반대인관계에서 너무 수동공격적인, 병리적 패턴을 반복시키는 거라도 끊으려고? 나를 먼저 생각하는 거 하게끔 하는 거.

출처: 박애실(2020)

4) 논의 및 제언

<예시 22> **논의 및 제언 목차 예시**

제 5 장 논의

제 1 절 자살위기상담의 치료적인 개입요인의 내용
제 2 절 자살위기상담의 치료적인 개입요인에 대한 인식의 차원과 군집
1. 자살위기상담의 치료적인 개입요인의 차원에 대한 논의
2. 자살위기상담의 치료적인 개입요인의 군집에 대한 논의
3. 자살위기상담의 치료적인 개입요인의 개념도에 대한 논의
제 3 절 자살위기상담의 치료적인 개입요인에 대한 중요도 인식

제 6 장 결론 및 제언

제 1 절 결과 요약
제 2 절 연구의 의의
1. 이론적 측면에서의 의의
2. 실제적 측면에서의 의의
제 3 절 연구의 제한점 및 후속 연구를 위한 제언

출처: 박애실(2020)

논의 및 제언. 논의에서는 개념도 지도를 해석하고, 개념도 지도의 시사점을 기술한다. 이는 Kane과 Trochim(2007)이 소개한 개념도 연구절차의 마지막 단계에 해당하는 것으로 상담학 연구에서 개념도 활용은 논문 글쓰기를 통해 개념도 해석이 연구주제의 이론적 측면과 실제적 측면에서 갖는 의의를 강조하여 해석의 근거를 기술하는 것이다. 이 과정에서 연구자는 연구 결과를 (논문의 서론에서 기술한) 선행연구와 비교하였을 때, 유사점과 차이점을 설명할 수 있어야 한다. 또한, 결과 해석 시, 연구자는 연구의 한계와 제한점을 인정하고 이에 대해서 논의하는 것이 필요하다.

5) 참고문헌 및 부록

<예시 23> **참고문헌 및 부록 목차 예시**

참고문헌

부　　록

부록 1. 연구 참여자 모집의 글
부록 2. 연구 참여자용 설명문
부록 3. 면담 질문지
부록 4. 진술문 유사성 분류 및 중요도 평정 안내
부록 5. 평균연결법(average linkage) 덴드로그램
부록 6. 중심연결법(centroid linkage) 덴드로그램
부록 7. 다차원분석 결과 좌표 값
부록 8. 치료적인 개입요인의 중요도 전체 내림차순
부록 9. 자살위기상담의 치료적인 개입요인의 기초진술문

출처: 박애실(2020)

참고문헌. 참고문헌은 이전 연구자의 학문적 업적을 인정하고, 연구자 자신의 진술의 근거를 뒷받침하기 위해 중요한 부분에 해당한다(American Psychological Association, 2021). 자세한 형식은 APA의 참고문헌 인용방식을 참고하길 바란다.

부록. 부록은 논문에 포함하기에 부적절하거나, 포함할 경우 논문 전체의 흐름에 방해되는 자료들을 부록에 포함할 수 있다(American Psychological Association, 2021). 본문에서 언급한 순서대로 부록에 포함시킬 수 있다. 저자(박애실, 2020)의 경우, 연구 참여자 모집의 글, 연구 참여자용 설명문, 면담 질문지, 진술문 유사성 분류 및 중요도 평정 안내, 평균연결법(average linkage) 덴드로그램, 중심연결법(centroid linkage) 덴드로그램, 다차원분석 결과 좌표 값, 치료적인 개입요인의 중요도 전

체 내림차순, 자살위기상담의 치료적인 개입요인의 기초진술문을 부록에 포함시켰다. 특히, 숙련상담사가 보고한 자살위기상담의 치료적 개입에 대한 방대한 예시를 [부록 9. 자살위기상담의 치료적인 개입요인의 기초진술문]에 제시하여 논문의 흐름을 방해하지 않으면서도, 질적 연구로부터 얻어진 자료를 독자에게 체계적으로 전달하려고 시도하였다(예시 24 참조).

<예시 24> 자살위기상담의 치료적인 개입요인의 기초진술문

부록 9. 자살위기상담의 치료적인 개입요인의 기초진술문

1. 위기관리를 위해 상담빈도와 시간을 유연하게 조정한다(8)

13-57 자살충동이 심한 내담자를 위해 일주일에 두 번 만난다

13-78 자살충동을 많이 보고하고 자살하겠다는 메시지를 많이 보낼 때는 주 3회 상담을 진행한다

5-67 내담자의 자살충동이 너무 심한 경우에는 주 2회 상담을 진행한다

10-4 내담자가 위험한 경우 주 2회 상담을 진행한다

8-9 위험도가 높을 때, 상담을 주 1회에서 주 2회로 상담빈도를 조정한다

8-44 충동이 심하거나, 무너져있는 내담자의 경우 주 2회 상담을 진행한다

1-2 위급한 내담자 위기관리를 위해 주 2-3회 상담을 한다

3-36 안정기에 접어들 때까지, 한 달 동안 매일 10분씩 면담, 주 2회 상담을 진행한다

3-64 첫 상담을 30분 하고 보건진료소에 가서 약을 처방받게 한 후 나머지 30분을 진행하여, 빠른 시간에 내담자를 안정시킬 수 있도록 상담구조를 유연하게 잡는다

4-100 내담자와 연장(90분)상담을 진행하여 구체적인 생활스킬을 알려준다

11-21 자살예고를 한 내담자에게 상담에 오도록 요청했으나 거리상의 이유로 내담자가 올 수 없어서, 50분 전화상담을 구조화하여 상담을 진행한다.

2. 내담자 자살위험의 보호요인을 평가한다(3)

3-10 내담자의 다양한 보호요인(예: 분명한 목표의식)을 확인한다

3-48 내담자가 자신의 목표를 이루기 위해 열심히 노력하는 것을 보고 추가적인 위험성을 판단한다

9-25 자살을 예고한 이메일에서 보호요인 단서를 찾아(예: 자살시도하기 전에 숙제를 내고, 교수님을 만나 자신의 어려움을 호소할 것이다 등) 자살의 임박성/긴박성을 파악한다

9-46 자살시도를 중단한 에피소드를 탐색하며 내담자의 자원(예: 상담사에게 연락하지 않고, 남자친구에게서 위안을 얻음)을 찾는다

15-13 내담자의 여러 가지 보호요인(예: 부모를 걱정하는 마음, 상담사와의 신뢰관계, 조심성, 그동안 고통을 버텨낸 능력)을 고려하여 안전위험수준을 판단한다

3. 위급한 경우에는 라포보다는 위기관리를 우선한다(2)

8-65 긴급한 경우에는 내담자의 치료적 관계보다 내담자의 안전확보에 우선을 둔다

1-1 위급하지만 비자발적으로 온 내담자의 경우, 라포 형성을 약간 포기하고, 위기관리를 우선적으로 한다

1-30 내담자가 상담에 호의적이지 않지만, 안전 확보를 위해 위기 수준을 우선적으로 파악한다

1-32 내담자가 싫어하는 것 같더라도, 내담자 안전에 우선 주의를 기울이고 괜찮은지 확인한다

4. 자문/수퍼비전/교육분석을 통해 상담사의 어려움을 다루고 내담자에게 도움이 되는 개입에 대한 조망을 넓힌다(7)

2-42 오랫동안 변화가 없는 내담자이지만 수퍼비전을 통해 내담자의 작은 변화를 놓치지 않고 인식하려고 애쓴다

2-43 상담사 자신이 힘과 위안을 얻기 위해 수퍼비전을 받는다

2-44 내담자의 가능성을 발견하기 위한 새로운 시각을 얻기 위해 수퍼비전을 받는다

4-51 병리적인 사고를 가진 내담자를 팩트 없이 이해하는 것이 너무 힘들어서 비슷한 사례를 경험한 동료에게 자문을 구한다

13-73 상담사가 개인상담(교육분석)을 통해 심리적인 지지를 받는다

10-97 자살시도 직전과 직후에 수퍼비전을 받아 내담자에게서 일어나는 역동을 이해하려고 한다

1-40 내담자가 위기를 벗어나기 위해 필요한 개입에 대한 자문을 구한다

8-52 내담자가 죽을지도 모를 거라는 불안을 감당하고 생각하기 위한 공간을 갖기 위해 수퍼비전 지도를 받는다

12-15 지인인 의사에게 내담자 자살시도의 치명성에 대해 자문을 구한다

12-27 peer supervision을 통해 자신(속에서 미친 듯이 어떡해 어떡해)을 진정시키고, 대처하는 방법에 대해서 차분히 한 번 더 생각해보는 시간을 갖는다

5. 자살위기에 영향을 대인관계갈등문제를 효과적으로 해결할 수 있는 기술을 습득하도록 돕는다(7)

4-93 선심을 베풀기 위해 돈을 빌려줬는데 환수가 안 될 때마다 감정적으로 너무 힘들어지는 내담자에게 돈을 빌려주지 않고 안정적인 관계를 맺는 방법을 알려준다

3-18 쉬고 싶다고 말을 해본 적이 없어 겁에 질려있는 내담자에게 어떻게 교수에게 이야기를 할지 연습을 시켜준다

5-46 자살충동을 일으키게 하는 남자친구와의 갈등상황에서 차분히 자신의 생각을 말하는 것이 힘든 내담자에게 이후라도 전화나 이메일로 자신의 생각을 차분히 표현하도록 대안을 제시해준다

5-47 내담자가 차분히 자신의 생각과 감정을 남자친구와 부모에게 말하게 하여, 미친 듯이 자신의 감정을 확 터뜨리는 것을 줄여나가게 하고 관계가 개선되도록 돕는다

6-34 관계에서 갈등을 엉뚱한 데로 회피하기보다는 갈등을 견디면서 선임과 의사소통을 하도록 돕는다

1-25 내담자가 자신의 개인적인 얘기를 안전한 사람에게 할 수 있도록 심리교육한다.

1-26 내담자가 관계 안에서 자신을 지킬 수 있는 방법을 심리교육한다

1-36 자살시도의 원인이 되었던 착취적인 가족들에게 내담자가 경계선을 긋는 방법을 심리교육하여 실제 적용하도록 돕는다

9-47 내담자가 불안하고 회피적인 관계를 맺고 있음을 알게 해주고, 안정적인 관계를 찾을 수 있도록 돕는다

15-20 내담자가 원하는 것(예: 돌봄 받는 것)을 얻도록, 자신의 힘든 마음을 가족과 친구들에게 표현하도록 권유한다

출처: 박애실(2020)

자신의 연구에 적용하기 11

지금까지 개념도 연구방법의 전반을 살펴보고, 글쓰기 단계에 도달하였다. 자신이 수행 중인 개념도 연구의 결과물을 논문으로 쓴다고 가정하고, 다음을 연습해보자.

1. 자신이 수행 중인 연구를 논문으로 쓸 때 목차를 어떻게 구성할 것인지 앞에 기술한 글쓰기의 고려사항과 저자의 연구(박애실, 2020)를 참고하여 구성해보자.

2) 개념도 연구의 질적 연구와 양적 연구가 어떻게 자신의 연구 목적에 기여하는지 생각해보고, 자신의 독자에게 잘 전달할 수 있는 방법을 고민해보자. 또한, 개념도 연구의 질적 연구와 양적 연구의 통합된 내용을 어떻게 잘 기술할 수 있는지 고민해보자.

자신의 연구에 적용하기 11

3) 글쓰기와 관련하여 함께 논의할 수 있는 연구자(지도교수, 학위논문 심사위원, 동료 연구자, 연구 전문가)는 누구인가?

CHAPTER

03

개념도 연구방법의 활용에 있어 고려할 사항

1. 아이디어 진술문 수집 방식
2. 서로 다른 집단의 인식 비교에 개념도 연구방법이 활용된 예
3. 중요도 평정의 다양한 예

CHAPTER 03

개념도 연구방법의 활용에 있어 고려할 사항

개념도 연구방법의 절차와 결과물을 실제 학술지 논문을 작성하는 데에 어떻게 반영하여 기술하는지에 대해, 예시 논문을 통해 살펴보기로 한다. 앞서 1장에서 언급한 바와 같이, 개념도 연구방법을 적용하여 연구를 진행하는 절차에는 다른 질적연구방법론들과 다소 차별화되거나 보다 초점화될 필요가 있는 부분이 있다. 이는 개념도 연구방법이 정성적 자료를 활용하지만 결과 분석을 함에 있어 자료의 정량화 과정을 필히 거침으로써, 연구 결과의 객관성과 일반화 가능성의 최대한 준수를 지향한다는 특징과도 관련이 된다. 이 장에서는 본서의 저자들의 연구 및 논문지도 경험을 토대로, 개념도 연구방법을 활용할 때 절차상 특별히 고려할 측면을 크게 세 가지로 설정하였다. 그리고 각 측면에 대해 기 출간된 국내외 논문들 중 몇 가지를 예시로 들면서 설명하고자 한다.

1 아이디어 진술문 수집 방식

Kane과 Trochim(2007)은 아이디어 진술문 수집 방식의 한 가지 방법으로, 연구참여자를 직접 개별로 만나 대면 면접을 실시하고, 이를 통해 획득한 아이디어 진술문을 추출 및 종합 편집하는 과정을 제안하고 있다. 너무 구체적인 개인적 일화를 제외한 모든 면접 내용을 축어록으로 작성하여 기초 아이디어진술문을 추출한 후, 연구진 또는 전문가 합의팀의 논의 과정을 거쳐 최종진술문을 산출한다. 여기서는 2장에서 자세히 소개한 개별 면접 외에 선행연구로부터 아이디어 진술문을 수집한 연구, 집단 면접에서 아이디어 진술문을 수집한 연구, 서면 조사로 아이디어 진술문을 수집한 연구 등 다양한 아이디어 진술문 수집 방식 활용의 예를 소개하고자 한다. 독자는 다음의 예시 논문을 활용하여 자신의 주제의 아이디어 진술문을 생성하기에 가장 적합한 방식에 대한 도움을 얻을 수 있을 것이다.

1) 선행연구에서 아이디어 진술문 수집하기

Tracey, Lichtenberg, Goodyear, Claiborn, 그리고 Wampold(2003) 총 5명의 연구자는 치료적 공통요인에 대한 연구를 개념도 연구방법을 활용하여 진행하였다. 이들은 공통요인에 대한 50개의 문헌으로부터 35개의 공통요인 목록을 추출한 Grencavage와 Norcross(1990)의 연구에 주목하였다. Grencavage와 Norcross는 35개의 목록을 내담자 특성(3요인), 상담사 특성(6요인), 변화과정(16요인), 치료구조(7요인), 관계요소(3요인), 총 5개의 하위범주로 분류하였다. Tracey와 그의 동료들은 Grencavage와 Norcross의 연구가 공통요인의 이름을 명명하고, 공통요인 간의 중복성을 감소시켜 핵심적인 공통요인을 제시했다는 점에서 의의가 있다고 보았지만, 여전히 공통요인의 수가 많고, 범주화하는 데 있어서 상담 및 심리치료 연구자와 실무자가 참여하기보다는 두 명의 저자에 의해 진행된 점을 연구의 아쉬움으로 꼽았다. Tracey와 그의 동료들은 Grencavage와 Norcross가 진행한 연구의 한계를 보완하기 위해 개념도 연구방법을 활용하여 연구를 수행하였으며, 이들이 Grencavage와 Norcross(1990)의 연구로부터 대표 아이디어 진술문을 생성하기까지 과정을 요약해보면 다음과 같다. 먼저, 기초 아이디어 진술문을 생성하기 위해 Grencavage와 Norcross가 제시한 35개의 공통요인을 내담자의 관점으로 재진술하였다. 그다음, 아이디어 진술문(공통요인)의 수를 줄이기 위해 공통요인에 대한 다수의 연구를 진행한 연구자를 활용하여 유사성 분류를 실시하였다. 5명의 상담 및 심리치료 연구자에게 35개의 공통요인을 의미상 유사한 것끼리 분류를 하도록 요청하였다. 이후, 같은 묶음으로 분류된 아이디어 진술문(공통요인)은 1로, 그렇지 않은 경우 0으로 개인 유사성 행렬표를 만들었고, 5명 연구자의 결과를 합산하여 위계적 군집분석을 실시하였다. 분석 결과에 기반하여, 군집의 수를 14개로 확정하였다. 마지막으로, 각 군집을 대표하는 대표진술문(공통요인)을 선정하였다.

2) 집단 면접에서 아이디어 진술문 수집하기

먼저 소개하고자 하는 연구는 『상담학연구』지에 게재된 「한국 맞벌이 여성들의 일-가정 양립 경험에 대한 개념도 연구」(유성경, 임지숙, 손은영, 2016)이다. 이 연구의 목적은 맞벌이 여성들이 일터 맥락과 가정 맥락에서 주되게 경험하는 주제들을 여성의 삶과 안녕감, 그리고 일-가정 양립의 삶 속에서 경험하는 심리적 어려움과 극복이라는 측면에서 살펴보는 것이다. 연구진은 일과 가정의 중심참여자로서 일상을 주체적으로 영위해 나가는 여성들로 살아갈 수 있도록 돕는다는 측면에서 상담학 분야에서 관심을 기울이기에 충분한 주제로 보고 연구를 수행하였다. 연구진이 택한 일-가정 양립경험에 대한 구체적 아이디어 산출 방법은 소규모 현장모임(on-site meeting)을 통한 포커스 집단 면접이였다. 현장에서 참여자들이 직접 만나 브레인스토밍 방식으로 자유롭게 아이디어를 산출할 수 있도록 하였다. 장소 섭외 및 사전 연락 등 진행상의 어려움이 다소 있으나 참여자들 사이의 아이디어 교환이 가능하고 개인 내적 체험의 생생함을 보고하기에 용이하다는 장점을 고려하여 현장 브레인스토밍을 시행하였다.

현장모임과 포커스 집단 면접 진행은 상담심리학 전공 교수가 10명의 참여자를 세 개 그룹으로 나누어 진행하였다. 이렇게 결정한 데에는 예비 면접에서 집단 면접을 통해 아이디어와 주제에 대한 촉진 효과가 있을 것이라는 참여자들의 의견을 반영하고자 하는 연구진의 의도가 있었다. 이처럼 이 연구는 예비 면접의 적절한 활용이 본 면접의 효율적 진행뿐만 아니라 초점질문 및 잠정적으로 도출될 아이디어 진술문 파악에도 잘 활용될 수 있음을 보여주는 좋은 예시라 할 수 있다. 이 논문에는 진술문 추출과정도 상세히 기술되고 있는데, 연구진이 면접 녹음자료를 모두 전사한 후, 세 집단의 인터뷰 각각에서 113개, 127개, 80개의 진술문을 추출하여 1차적으로 총 320개의 진술문을 산출하였다. 이후 4인으로 구성된 연구진이 전사한 모든 내용을 주제별로 분석하고 분류하는 작업을 실시하였는데, 320개의 진술문 가운데 중복되는 내용을 통합하고 명료화하는 작업을 시행하였다. 그리고 문장별 대표성 평정작업을 통해 최종적으로 84문장으로 추렸다.

이외 집단 면접으로 자료를 수집한 연구의 예로는, 이지연 외(2013)는 성공적인 다문화 가정 학부모 상담에서의 필요요인을 탐색하기 위해, 다문화 가정을 담당하는 교사 15명을 선정하여 집단 면접을 실시하였다. 최한나, 김삼화와 김창대(2008)는 고등학생들이 지각하는 또래관계 역량에 대한 아이디어 진술문을 산출하기 위해 17명의 고등학생을 대상으로 집단 면접을 실시하였다. 이현아와 이기학(2010)은 학교상담의 도움 요소와 불만족 요소을 탐색하기 위해 중학생 내담자 대상으로 집단 면접을 실시하였다. 이후, 학교상담사(남자: 1명, 여자: 9명)를 대상으로 개인면접 및 전화면접을 실시하여 이들 두 집단의 인식을 비교하였다.

3) 서면 조사로 아이디어 진술문 수집하기

아이디어 진술문은 면접 외에 서면 조사를 활용하여 수집할 수 있는데 예를 들어, 김은하 외(2018)는 대학상담센터 내담자에게 매회기 상담을 마친 후 "오늘 회기에서 가장 도움이 된 상담사 요인(예: 상담사의 태도, 언어적/비언어적 반응, 행동)을 적어주십시오" 요청하여, 효과적인 상담사 요인이 무엇인지 77명의 내담자로부터 서면 조사를 통하여 내담자가 인식하는 효과적인 상담사 행동, 반응, 태도에 대한 아이디어를 추출하였다. 한편, 양명주, 김가희와 김봉환(2016)은 진로·취업상담사들이 지각하는 윤리적 딜레마를 탐색하기 위해, 취업지원관 20명을 대상으로 "선생님이 대학에서 진로·취업 관련 업무를 진행하시면서, 윤리적으로 문제의 소지가 있다고 판단되었지만 섣불리 의사결정을 하거나 의사표현을 하기에 곤란하였던 상황은 무엇이었나요?"와 같은 구조화된 질문지를 통해 아이디어를 수집하였다. 각 연구참여자들은 4-30개의 아이디어 진술문을 생성하였고, 그 결과 연구진들은 총 197개의 기초 아이디어 진술문을 서면 조사에서 추출하였다.

2 서로 다른 집단의 인식 비교에 개념도 연구방법이 활용된 예

개념도 연구방법은 상담학 분야에서 서로 다른 집단의 인식을 비교하는 데 활용되고 있다. 여기서는 기업상담의 효과에 대한 세 주체(내담자, 상담사, 관리자)의 인식을 비교하는 연구를 수행한 왕은자와 김계현(2010)의 연구를 예를 들어 설명하고자 한다. 이들은 내담자 23명, 관리자 22명, 상담사 24명으로부터 기업상담의 효과에 대한 진술문을 추출하여 기업상담의 효과에 대한 전체 참여자의 인식을 도출하였고(왕은자, 김계현, 2009)(그림 16 참조), 이후 각 주체에게 유사성 분류를 요청하여, 각 주체에 따른 기업상담의 효과에 대한 차원과 군집을 도출하였다(그림 17-19 참조). 이들 주체에 따른 개념도의 차원과 군집의 차별성은 기업효과에 서로 다른 인식을 보여준다는 의의를 가지고 있다. 결과를 간단히 소개하면, 내담자는 기업상담의 고객으로서 자신의 관심사에 따라 개인 수준의 상담효과와 조직 수준의 상담효과, 고객을 위한 상담제도화로 구분하여 기업상담의 효과를 인식하고 있는 것으로 나타났다. 반면에, 관리자는 조직 효과성, 업무 관련 태도 변화, 업무 성과 및 역량 향상 등 조직의 관점에서 기업상담의 효과를 세분화하여 인식하는 것으로 나타났다. 마지막으로, 상담사는 상담 개입 방법과 상담 개입 시기, 그리고 상담 운영에 따라 기업상담 효과를 세분화하여 인식하는 것으로 나타났다. 연구진들은 세 주체가 공통되게 인식하는 부분은 기업상담 효과의 평가준거로 향후 사용할 수 있으며, 서로 다른 인식은 향후 세 주체가 어떻게 소통할지에 대한 가이드라인을 제공할 것이라고 평가하였다.

[그림 16] 전체(내담자, 관리자, 상담사) 개념도(왕은자, 김계현, 2009)

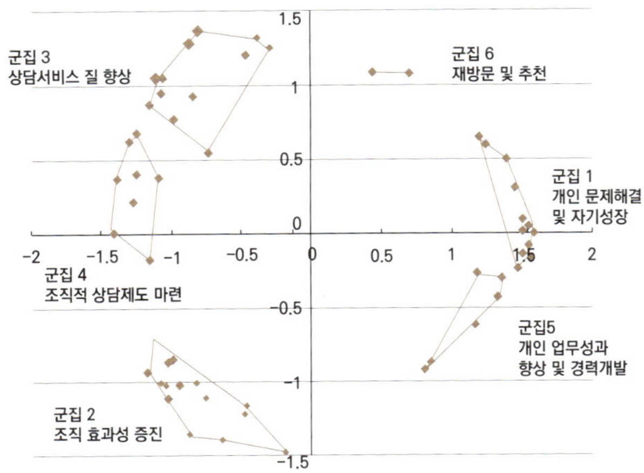

[그림 17] 내담자 개념도(왕은자, 김계현, 2010)

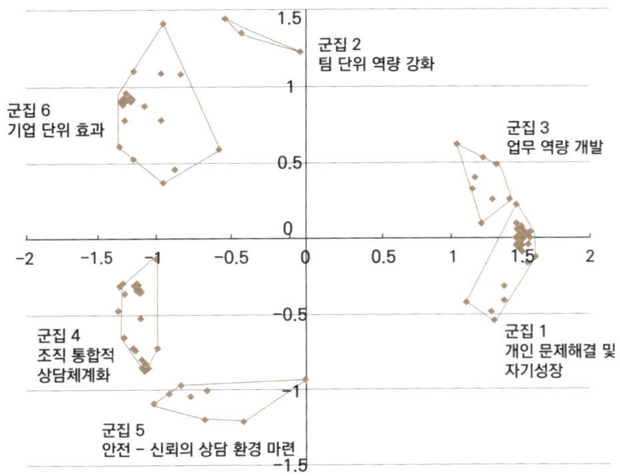

[그림 18] 관리자 개념도(왕은자, 김계현, 2010)

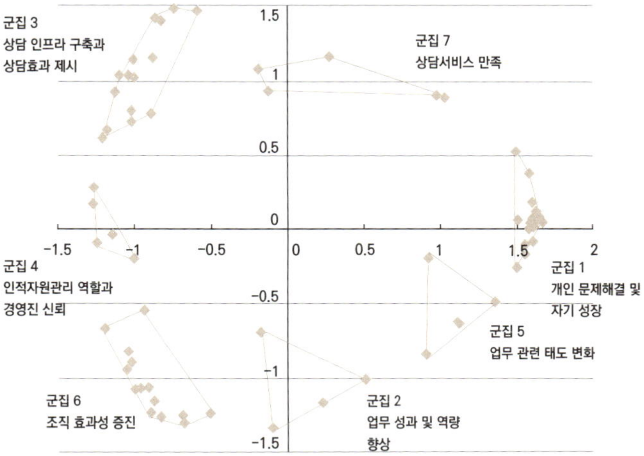

[그림 19] 상담사 개념도(왕은자, 김계현, 2010)

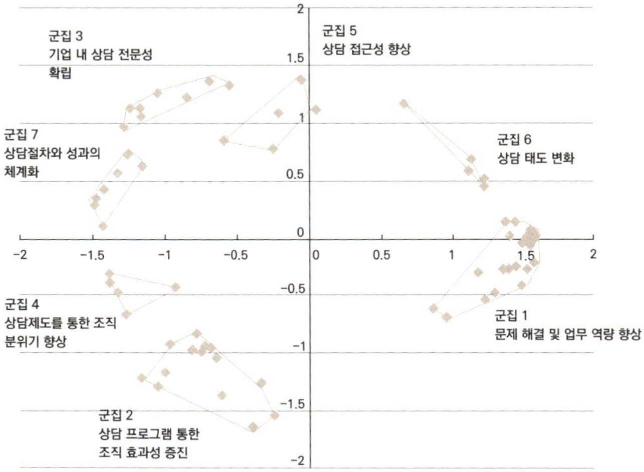

서로 다른 집단의 인식을 중요도에서도 보여줄 수 있는데, 1장에서 소개한 교육학 분야의 최수미, 김동일과 김주선(2019)의 연구에서는 초·중·고등학교 교사의 교육사각지대 학습자 특성에 대한 군집별 중요도를 패턴 매칭 방식을 활용하여, 각 학교급별 교사의 인식을 비교하였다(그림 20 참조). 초등학교 교사는 '역기능적 가족관계' 군집을, 중학교 교사는 '낮은 상황인지 및 행동' 군집을, 고등학교 교사는 '학습 무기력' 군집을 가장 중요한 군집으로 인식하고 있는 것으로 나타났다. 이 연구는 현장의 교사들을 대상으로 초·중·고등학교를 구분하여 교육사각지대 학습자의 유형을 구체적으로 파악했다는 의의를 가지고 있다.

[그림 20] 초·중·고등학교 교사의 교육사각지대 학습자 특성에 대한 군집별 중요도 (최수미 외, 2019)

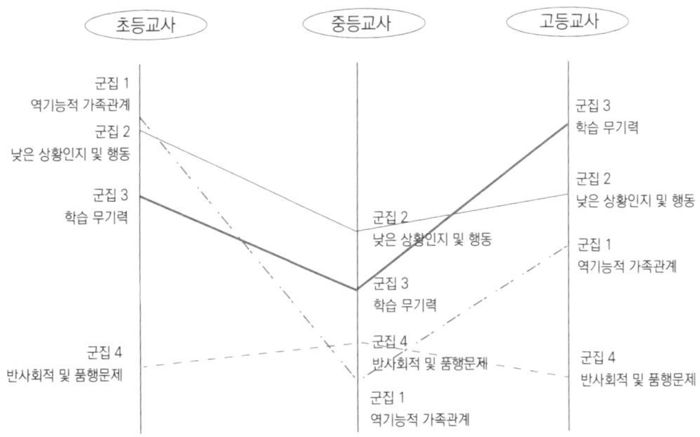

이외 서로 다른 집단의 인식을 비교한 개념도 연구의 예를 〈표 2〉에 제시하였다. 독자들은 이들 논문에서 서로 다른 집단의 인식을 비교하는 데 개념도 연구방법이 활용될 수 있는지에 대한 아이디어를 얻을 수 있을 것이다.

표 2 서로 다른 집단의 인식을 비교한 국내 상담학 분야 개념도 연구의 예

저자명	연구내용
남희경, 장성숙 (2016)	숙련 외상 상담사와 초심 외상 상담사의 대리외상으로 인한 영향과 대처에 대한 요인을 탐색하여 두 집단의 대리외상 경험에 대한 유사점과 차이점을 제시함.
이정윤 외 (2016)	대학생과 고등학생이 학습동기를 조절하기 위해 사용하고 있는 전략을 탐색하여 두 집단을 비교함.
이지원 외 (2014)	성인의 생애주기별 진로적응과업에 대한 개념적 구조를 밝히고자 탐색기(20대), 확립기(30-40대), 유지기(50대 이후) 참여자 각 10명의 경험을 탐색하여 비교함.
권혜경, 이희경 (2013)	초심상담사 8명과 숙련상담사 8명이 지각하는 내담자의 강점과 활용방안에 대해서 탐색하였고, 이들 지각의 차이를 비교하여 상담사 교육에 시사점을 제안함.
김영주 외 (2013)	초심 상담수련생과 내담자들이 조기종결에 대해 지각하는 특징을 비교하여, 초심 상담수련생의 교육에 시사점을 제시함.
김혜숙, 이기학 (2012)	형성기 전문상담교사 11명과 성장기 전문상담교사 11명으로부터 연수 요구 간 유사점과 차이점, 중요도를 비교하여 연수 개선방안에 대해 논의함.
이동귀, 서해나 (2010)	완벽주의적 자기제시성향이 높은 집단과 낮은 집단의 노력방식과 좌절 대처방식 특성을 비교함.
김지연 외 (2009)	초심상담사와 상담전문가가 겪는 어려움과 극복방안을 비교함.
권해수 외 (2007)	대안학교와 소년보호교육기관 청소년의 학교 밖 경험을 비교하여 두 집단의 공통점과 차이점에 따른 지원 방안을 제시함.
최윤정, 김계현 (2007)	고학력 기혼여성의 진로단절 위기 경험에 대해 진로단절 위기 경험을 한 직장여성 8명과 직장 경력이 있던 전업주부 8명 두 집단의 경험을 비교함.

3 중요도 평정의 다양한 예

중요도는 리커트 척도(예: 5점 척도, 7점 척도)를 활용하며 중요도, 실행가능성(feasibility), 우선순위, 수고로움(effort), 그리고 그 외 연구초점에 적합한 결과/성과와 같은 주관적인 중요도 가치를 연구참여자에게 질문할 수 있다. 한 연구에서 평정을 여러 번 실시할 수도 있는데, 강현주, 이홍숙과 최한나(2016)는 상담사의 자기 돌봄에 대한 인식을 탐색하여 차원과 군집을 확인한 후, 자기 돌봄 군집에 대해 참여자들이 부여하는 중요도와 실천 빈도를 확인하였다. 왕은자와 김계현(2010)은 기업상담의 효과로서의 중요도와 실행가능성 정도를 평가하였다. 원복연과 송재홍(2016)은 초등학교 초임교사가 경험하는 직무스트레스 내용을 탐색하고, 이들 내용에 대해 중요도와 효능감을 평정하게 하였으며, 황미연과 이지연(2016)은 성인 발달장애인 부모가 지각하는 상담요구를 분석하고, 이에 대해 중요도와 실행수준을 평정하여 비교하였다.

1장에서 소개한 가족복지학 분야의 연구를 예를 들면, 김경미와 윤재영(2010)은 우리 아이 희망네트워크 실무자 30명을 대상으로 그들이 아동 대상으로 수행하고 있는 강점관점과 지역사회네트워크를 기반으로 하는 통합적 사례관리 실천 방법에 대해 개념도 연구를 수행하였다. 이들은 도출된 6개의 군집 "아동 가족과 일하기", "아동 가족과 관계 맺기", "지역사회와 일하기", "팀워크 강화하기", "사례관리 능력을 강화하기", "탄력적으로 운영하기"에 대해 중요도와 실현가능성을 5점 리커트 척도로 평정하였고, 이를 다음과 같이 패턴 매칭(pattern matching)으로 제시하였다(그림 21 참조). 패턴 매칭은 좌우축을 잇는 선이 평행을 유지할수록 중요성과 실현가능성에 대한 합의의 정도가 높은 것을 의미하며, 그렇지 않고 다른 선과 교차하는 경우 서로 다른 이

견이 있다는 것을 의미한다. 예를 들어, '아동 가족과 일하기' 외에는 평행선을 유지하지 않고 있는데, '사례관리 능력을 강화하기'는 가장 중요도가 높은 군집이지만, 실현가능성은 가장 낮게 평가되었다. 반면에, '지역사회와 일하기'는 중요성은 매우 낮게 평가된 반면에 실현가능성은 높게 평가되었다.

[그림 21] 중요성과 실현가능성에 대한 패턴 매칭(김경미, 윤재영, 2010)

앞서 언급한 왕은자와 김계현(2010)은 기업상담 효과에 대한 세 관련 주체인 내담자, 관리자, 상담사가 인식하는 군집의 중요도와 실행가능성을 차이를 패턴 매칭(pattern matching)을 사용하여 [그림 22-23]과 같이 제시하였다. 패턴 매칭은 세 주체의 인식 차이를 시각적으로 보여준다는 장점을 가지고 있다. 기업상담의 효과로서의 중요도 측면에서 내담자와 상담사 모두 '개인 문제해결 및 자기성장'을 가장 중요하게 평정하였고, 반면에 관리자는 '재방문 및 추천'을 가장 중요하게 평정하였다. 세 주체 모두 공통되게 '조직 효과성 증진'의 중요도를 가장 낮게 평가하였는데, 이에 대해 연구진들은 국내 기업상담의 짧은 역사로 조직 수준에서의 효과를 드러내기에는 아직 어렵다고 모두가 인식하고 있는 것으로 해석하였고 이에 대한 질 향상을 제언하였다. 향후 1-2년 내 실행가능성 측면에서 세 주체의 인식도 패턴 매칭(pattern matching)으로 제시하였는데, 세 주체 모두 '재방문 및 추천' 군집을 실현가능성이 가장 높은 기업상담 효과로 인식하고 있었다. 이와 같이 개념도 연구는 연구자의 목적에 따라 중요도와 실행가능성에 대한 결과를 다양하게 표현할 수 있는데 독자들도 연구의 목적에 따라 창의적으로 활용해보길 바란다.

[그림 22] 내담자, 관리자, 상담사의 군집별 중요도 비교(왕은자, 김계현, 2010)

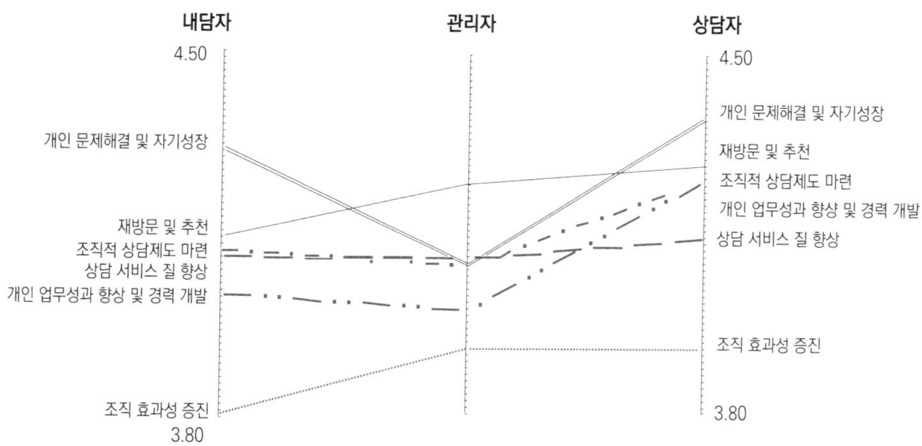

[그림 23] 내담자, 관리자, 상담사의 군집별 실행가능성 비교(왕은자, 김계현, 2010)

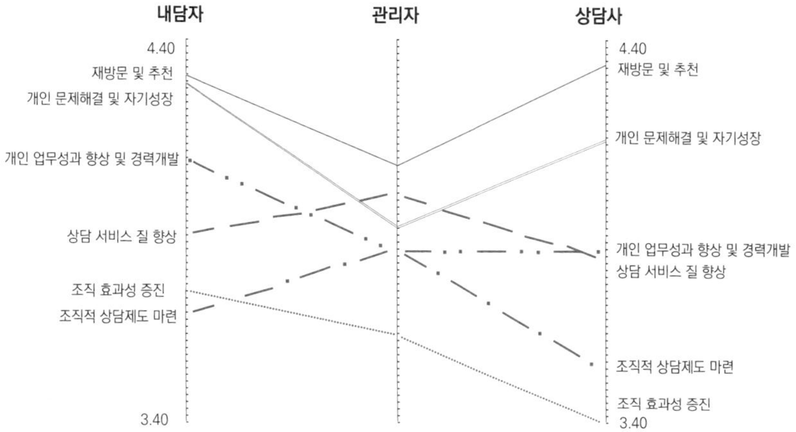

한편, 교육학 분야의 연구의 예로, 오인수 외(2021)의 연구에서는 개념도 방법을 활용하여 인도주의 리더십의 개념을 분석하였는데, 인도주의를 실천하는 기관의 실무경력 10년 이상인 중간관리자급 이상 참여자들을 대상으로 하여 연구를 진행하였다. 연구자들은 분석 결과를 표현하는 방식으로, 패턴 매칭 방식보다는 각 군집별로 중요도와 수행도를 히스토그램 형식으로 제시함으로써, 독자들이 직관적으로 결과를 이해하도록 하는 데에 초점을 두었다. 단순하지만 보다 가독성 높은 결과 표현방식의 예로서 참고할 만한 사례로 생각된다(그림 24 참조).

[그림 24] 인도주의 리더십의 중요도와 수행도(오인수 외, 2021)

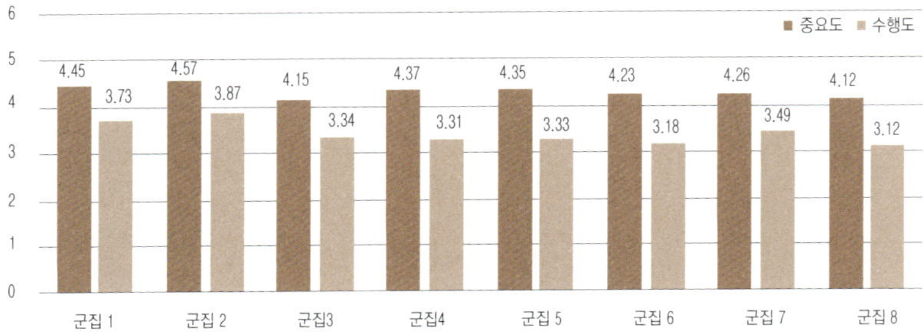

군집1: 편견 없이 모두를 존중하고 배려함
군집2: 도덕적이고 청렴하며 윤리적임
군집3: 적극적이고 유연하며 낙관적임
군집4: 조직의 비전과 미션을 제시하고 협력적인 조직문화를 조성함
군집5: 구성원 및 이해관계자들과 의사소통하고 지원함
군집6: 자원을 전략적으로 관리하며 조직의 갈등을 해결함
군집7: 전문적 지식과 직무경험을 바탕으로 정확하고 신속하게 의사결정함
군집8: 사회적 변화에 대응하며 적극적, 창의적으로 문제를 인식하고 해결함

마지막으로, 중요도를 평정 지도(cluster rating map)를 활용하여 제시한 장애인 복지 분야의 연구를 소개하고자 한다. 류청한(2021)은 장애인 동료상담 개념의 구성요소를 밝히기 위해 현장 동료상담사 27명을 대상으로 개념도 연구방법을 수행하였다. 이 연구에서는 군집의 중요성을 도출한 후, 이를 범주의 중요성에 따른 평정 지도(cluster rating map)(그림 26)로 다시 한번 제시하였다. 중요도가 2.37-2.72인 경우, 1개의 평정층을, 2.72-3.06인 경우 2개의 평정층을, 3.06-3.41인 경우 3개의 평정층을, 3.41-3.75인 경우 4개의 평정층을, 3.75-4.10인 경우 5개의 평정층을 제시하였다. 평정층이 높을수록 상대적인 중요도가 높음을 의미한다. 이와 같이, 평정 지도를 통해 중요도를 시각적으로 제시하는 방법을 고려해 볼 수 있다.

[그림 25] 장애인 동료상담 개념의 범주지도(류청한, 2021)

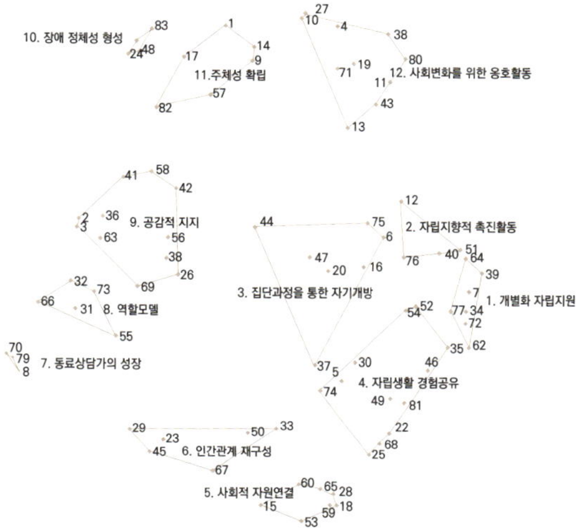

[그림 26] 범주의 중요성에 대한 평정 지도(류청한, 2021)

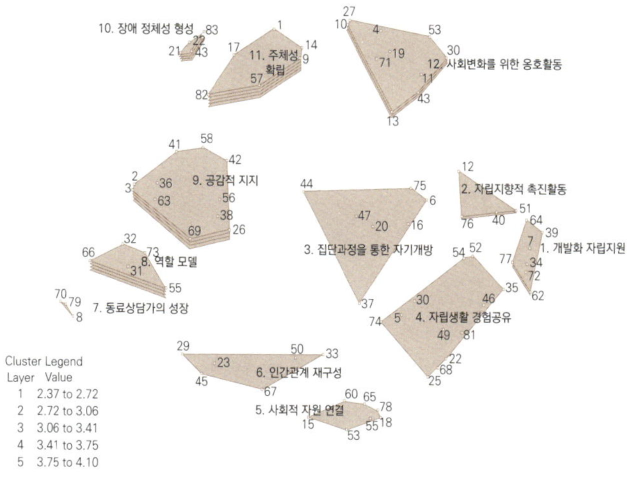

참고문헌

강현주, 이홍숙, 최한나 (2016). 상담사의 자기 돌봄(self - care) 인식에 관한 개념도 연구. **상담학연구, 17**(2), 24-45.

강혜원, 이정윤 (2020). 미묘한 성차별(Gender Microaggression)에 대한 개념도 연구: 20대 여성을 중심으로. **여성연구, 106**(3), 63-92.

고경희, 이정윤 (2018). 중년기 성인의 적응유연성 보호요인에 관한 개념도: 남녀 차이를 중심으로. **상담학연구, 19**(2), 279-301.

구승영, 김영근 (2019). 집단상담의 치료적 요인에 관한 집단원의 지각 차원. **상담학연구, 20**(1), 165-190.

권윤정, 장재홍 (2017). 청소년 내담자가 지각한 작업동맹 형성에 대한 개념도 연구. **청소년학연구, 24**(1), 213-238.

권해수, 서정아, 정찬석 (2007). 대안학교와 소년보호교육기관 청소년의 학교밖 경험 비교: 개념도 방법론을 통하여. **상담학연구, 8**(2), 657-674.

권혜경, 이희경 (2013). 초심상담사와 숙련상담사가 지각하는 내담자 강점과 활용방안에 대한 개념도 연구. **한국심리학회지 상담 및 심리치료, 25**(3), 397-424.

김경미, 윤재영 (2010). 강점관점과 지역사회네트워크를 기반으로 하는 통합적 사례관리 실천방법의 구조화: 개념도 연구법(concept mapping)을 활용하여. **한국가족복지학, 28**(4), 93-118.

김계현 (2000). **상담심리학 연구: 주제론과 방법론.** 학지사: 서울.

김계현, 문수정 (2000). 상담수퍼비전 교육내용 요구분석. **한국심리학회지: 상담 및 심리치료, 12**(1), 1-18.

김나래, 이기학 (2016). 여성의 자발적 경력변경(Voluntary Career Change)

영향 요인에 대한 개념도 연구. **상담학연구, 17**(1), 227-248.

김대원, 김영주, 이지원, 장재현 (2013). 초심 상담수련생과 내담자가 겪는 조기종결 경험에 대한 개념도 연구. **한국심리학회지: 상담 및 심리치료, 25**(2), 157-186.

김보미, 이신동 (2017). 개념도 방법을 이용한 초등영재의 진로상담요구 분석. **영재와 영재교육, 16**(2), 49-72.

김선경, 안도현 (2015). 학교상담 : 초등교사가 지각하는 효과적인 학부모 상담 전략. **상담학연구, 16**(5), 323-338.

김선경, 전재영 (2012). 기업상담소 방문 결정 이유에 관한 개념도 연구. **한국심리학회지: 상담 및 심리치료, 24**(2), 465-483.

김영주, 장재현, 김대원, 이지원 (2013). 초심 상담수련생과 내담자가 겪는 조기종결 경험에 대한 개념도 연구. **한국심리학회지: 상담 및 심리치료, 25**(2), 157-186.

김은하, 김현준, 김이윤, 김주영 (2018). 내담자가 인식하는 효과적인 상담사의 행동, 반응, 태도에 관한 개념도 연구: 대학상담센터를 중심으로. **상담학연구, 19**(1), 1-21.

김지연 (2019). 전문상담교사 자문 역할 수행의 장애요인 탐색. **상담학연구, 20**(2), 253-279.

김지연, 한나리, 이동귀 (2009). 초심상담사와 상담전문가가 겪는 어려움과 극복방안에 대한 개념도 연구. **상담학연구, 10**(2), 769-792.

김혜숙, 이기학 (2012). 전문상담교사 경력 단계별 연수 요구에 대한 개념도 연구. **한국심리학회지: 학교, 9**(3), 505-528.

참고문헌

남희경, 장성숙 (2016). 숙련 및 초심 외상 상담사가 지각하는 대리외상의 영향과 대처에 관한 개념도 연구. **상담학연구, 17**(3), 1-22.

류청한 (2021). 장애인 동료상담 개념의 범주화: 개념도 연구법을 중심으로. **장애인복지연구, 12**(2), 115-139.

문호영, 문성호 (2014). 청소년지도사의 직무만족에 관한 개념도 연구. **청소년복지연구, 16**(1), 181-195.

민경화 (2012). **상담사가 인식한 작업동맹 위기 표지.** 박사학위논문. 서울대학교.

민경화, 김창대 (2014). 상담사가 인식한 작업동맹 위기 표지. **상담학연구, 15**(1), 35-57.

민경화, 최윤정 (2007). 상담학 연구에서 개념도(Concept Mapping)방법의 적용. **상담학연구, 8**(4), 1291-1307.

박근영, 임은미 (2014). 전문상담교사의 소진경험에 대한 개념도 연구. **중등교육연구, 62**(1), 171-198.

박수영, 최한나 (2013). 상담사가 지각한 상담성과를 가져오는 상담사 요인에 대한 개념도 연구. **상담학연구, 14**(5), 2969-2986.

박승민, 김광수, 방기연, 오영희, 임은미 (2012). **근거이론 접근을 활용한 상담연구과정.** 서울: 학지사.

박애실 (2020). **자살위기상담에서 숙련상담사가 인식한 치료적인 개입요인.** 박사학위논문, 서울대학교.

박지현, 주영아 (2020). 워킹대디의 육아휴직 경험에 관한 개념도 연구. **인문사회21, 11**(4), 307-322.

박지혜, 정은정 (2014). 개념도(Concept Mapping)를 통한 신임 HRD 담당자 필요 역량 탐색. **HRD 연구, 16**(4), 87-111.

박현미, 최한나 (2016). 청소년미혼모가 지각하는 학업복귀의 장애요인. **청소년학연구, 23**(4), 1-24.

서영주, 김영근 (2020). 상담사 효과 요인 평정척도 개발 및 타당화. **상담학연구, 21**(5), 69-95.

서정일, 이화연, 김가연, 이동귀 (2021). 학생 자살 후 교사의 애도 경험에 관한 개념도 연구: 어려움 및 도움 요인. **한국심리학회지: 학교, 18**(1), 121-151.

손진희 (2001). **상담과정에서 상담사의 알아차림 방해요소 연구.** 박사학위 논문. 서울대학교.

양명주, 김가희, 김봉환 (2016). 대학 진로,취업상담사가 지각하는 윤리적 딜레마에 관한 개념도 연구. **상담학연구, 17**(2), 101-119.

오인수, 궁선혜, 반지윤, 양수연 (2021). 개념도 방법을 활용한 인도주의 리더십 개념 분석. **미래교육연구, 34**(3), 83-117.

왕은자, 김계현 (2009). 진로상담 : 기업상담 효과에 대한 세 관련 주체(내담자, 관리자, 상담사)의 인식. **상담학연구, 10**(4), 2115-2135.

왕은자, 김계현 (2010). 기업상담 효과에 대한 세 관련 주체(내담자, 관리자, 상담사)의 인식 비교 분석. **상담학연구, 11**(2), 641-656.

원근희, 김정은, 김준원, 최태영, 이종훈 (2018). 위기상담전화에서의 상담유지요인에 대한 연구. **생물치료정신의학, 24**(2), 105-114.

원복연, 송재홍 (2016). 초등학교 초임교사가 경험하는 직무스트레스에 대

참고문헌

한 개념도 연구. **상담학연구,** 17(6), 437-452.

유성경, 임지숙, 손은영 (2016). 한국 맞벌이 여성들의 일-가정 양립 경험에 대한 개념도 연구. **상담학연구,** 17(6), 475-498.

이동귀, 서해나(2010). 일반 : 완벽주의적 자기제시성향이 높은 대학생과 낮은 대학생의 특성비교. **상담학연구,** 11(1), 91-110.

이용진, 박인우 (2015). 좋은 강의계획서에 대한 교육전문가의 개념도. **교육방법연구,** 27(1), 1-20.

이정윤, 김누리, 정혜연 (2017). 한국형 학습동기조절전략 척도 개발 및 타당화 연구. **상담학연구,** 18(5), 287-309.

이정윤, 정혜연, 김지현 (2016). 개념도 연구방법을 통한 대학생과 고등학생의 학습동기조절전략 비교. **아시아교육연구,** 17(3), 327-354.

이지연, 김문희, 한수진, 장진이 (2013). 성공적인 다문화 가정 학부모 상담을 위한 필요 요인에 대한 개념도. **한국심리학회지: 학교,** 10(1), 1-18.

이지원, 송보라, 이주연, 이지향, 이기학 (2014). 성인의 생애주기별 진로적응과업에 대한 개념도 연구. **한국심리학회지: 상담 및 심리치료,** 26(4), 1073-1108.

이현아, 이기학 (2010). 학교상담의 도움요소와 불만족요소에 대한 개념도 연구 = 중학생 내담자와 전문상담교사의 인식비교. **한국심리학회지: 학교,** 7(2), 123-149.

장연진, 하은솔 (2018). 주민주도성에 관한 개념도(Concept Mapping) 연구. **사회복지연구,** 49(1), 163-190.

정숙희, 주찬미, 박준혁, 박한길(2020) 개념도 방법론을 활용한 발달장애 자녀 부모의 양육 경험: 학령기와 성인초기 발달장애 자녀를 중심으로. **미래사회복지연구, 11**(2), 5-34.

정신영, 이동귀, 박현주 (2012). 자살시도 병사의 위험요인과 보호요인에 관한 개념도 연구. **상담학연구, 13**(1), 113-133.

정종진(2021). 개념도 연구법(Concept Mapping)의 유용성과 절차. **대구교육대학교 초등교육연구논총, 37**(2), 19-38.

최수미, 김동일, 김주선 (2019). 개념도 방법을 통한 교육사각지대 학습자 특성에 대한 초·중·고등학교 교사의 인식 비교. **학습장애연구, 16**(2), 69-90.

최윤정 (2019). 국내 상담심리 분야의 개념도 연구방법에 대한 메타분석적 개관. **상담학연구, 20**(6), 179-199.

최윤정, 김계현 (2007). 진로상담 : 고학력 기혼여성의 진로단절 위기 경험에 대한 개념도(Concept Mapping) 연구 -진로지속 여성과 중단 여성 간의 비교. **상담학연구, 8**(3), 1031-1045.

최한나, 김삼화, 김창대 (2008). 청소년이 지각한 또래관계 역량. **상담학연구, 9**(1), 181-197.

한기순, 이정용 (2011). 영재교사들이 지각하는 관찰-추천 영재판별 시스템의 방향, 중요도, 실행수준 분석: 개념도 연구법을 활용하여. **영재교육연구, 21**(1), 107-122.

황미연, 이지연 (2016). 성인 발달장애인 부모의 상담요구 분석. **사회과학연구, 42**(2), 191-211.

참고문헌

American Psychological Association. (2013). **APA 논문작성법 제6판.** [Publication Manual of the American Psychological Association, Sixth Edition] (강진령 역) 학지사 (원전은 2010년에 출판).

American Psychological Association. (2021). **APA 논문작성법 제7판.** [Publication Manual of the American Psychological Association, Seventh Edition] (강진령 역) 학지사 (원전은 2020년에 출판).

Bedi, R. P. (2006). Concept mapping the client's perspective on counseling alliance formation. *Journal of Counseling Psychology, 53*(1), 26.

Carter, J. W., Enyedy, K. C., Goodyear, R. K., Arcinue, F., & Puri, N. N. (2009). Concept mapping of the events supervisees find helpful in group supervision. *Training and Education in Professional Psychology, 3*(1), 1.

Cho, H., & Seo, Y. S. (2017). Korean counselors' perceptions of the real relationship in counseling process. *Asia Pacific Education Review, 18*(1), 135-146.

Creswell, J. W. (2014). *A concise introduction to mixed methods research.* SAGE publications.

Darcy, M., Lee, D., & Tracey, T. J. G. (2004). Alternative approaches to individual differences: Applications to multicultural counseling competence. *Journal of Counseling Psychology, 51,* 139-150.

DeSteno, D. A., & Salovey, P. (1997). The effects of mood on the structure of the self-concept. *Cognition and Emotion, 11*(4), 351-372.

Elliott, R. E., Fischer, C. T., & Rennie, D. L. (1999). Evolving guidelines for publication of qualitative research studies in psychology and related fields. *British Journal of Clinical Psychology, 38,* 215-229.

Goetz, J. P., & LeCompte, M. D. (1984). *Ethnography and qualitative research design in educational research.* Orlando, FL: Academic Press.

Gol, A. R., & Cook, S. W. (2004). Exploring the underlying dimensions of coping: A concept mapping approach. *Journal of Social and Clinical Psychology, 23*(2), 155-171.

Goodyear, R. K., Tracey, T. J. G., Claiborn, C. D., Lichtenberg, J. W., & Wampold, B. E. (2005). Ideographic concept mapping in counseling psychology research: Conceptual overview, methodology, and an illustration. *Journal of Counseling Psychology, 52*(2), 236-242.

Gould, M. S., Kalafat, J., HarrisMunfakh, J. L., & Kleinman, M. (2007). An evaluation of crisis hotline outcomes part 2: Suicidal callers. *Suicide and Life-Threatening Behavior, 37*(3), 338-352.

Grencavage, L., & Norcross, J.(1990). Where are the commonalities among the therapeutic common factors? *Professional Psychology: Research and Practice, 21,* 372-378.

Guba, E. G., & Lincoln, Y. S. (1981). *Effective evaluation: Improving the usefulness of evaluation results through responsive and naturalistic approaches.* Jossey-Bass.

Harnett, P., O'donovan, A., & Lambert, M. J. (2010). The dose response relationship in psychotherapy: Implications for social policy. *Clinical*

참고문헌

Psychologist, 14(2), 39-44.

Hill, C. E., Thompson, B. J., & Williams, E. N. (1997). A guide to conducting consensual qualitative research. *The Counseling Psychologist, 25*(4), 517-572.

Jackson, K. M., & Trochim, W. M. K. (2002). Concept mapping as an alternative approach for the analysis of open-ended survey responses. *Organizational Research Methods, 5*, 307-336.

Jenkins, G. R., Hale, R., Papanastassiou, M., Crawford, M., & Tyrer, P. (2002). Suicide rate 22 years after parasuicide: Cohort study. *British Medical Journal, 325,* 1155.

Johnsen, J. A., Beigel, D. E., & Shafran, R. (2000). Concept mapping in mental health: Uses and adaptations. *Evaluation and Program Planning, 23,* 67-75.

Kane, M., & Trochim, W. M. (2007). *Concept mapping for planning and evaluation*. Sage Publications, Inc.

Kemer, G., Borders, L. D., & Willse, J. (2014). Cognitions of expert supervisors in academe: A concept mapping approach. *Counselor Education and Supervision, 53*(1), 2-18.

Kruskal, J. B.(1964). Multidimensional scaling by optimizing goodness of fit to a nonmetric hypothesis. *Psychometrika, 29*(1), 1-27.

Kruskal, J. B., & Wish, M. (1978). Multidimensional scaling. Beverly Hills, CA: Sage.

Mann, J. J. (2002). A current perspective on suicide and attempted suicide. *Annals of Internal Medicine, 136,* 302-311.

Martin, J. (1984). The cognitive mediational paradigm for research on counseling. *Journal of Counseling Psychology, 31*(4), 558.

Mishara, B. L., & Daigle, M. S. (1997). Effects of different telephone intervention styles with suicidal callers at two suicide prevention centers: An empirical investigation. *American Journal of Community Psychology, 25*(6), 861-885.

Morgan, R. L., & Heise, D. (1988). Structure of emotions. Social Psychology *Quarterly,* 19-31.

Nordentoft, M., & Rubin, P. (1993). Mental illness and social integration among suicide attempters in Copenhagen: Comparison with the general population and a four-year follow up study of 100 patients. *Acta Psychiatrica Scandinavica, 88*(4), 278-285.

Park, A., Kim, D., & Shin, H. G. (2022). Perceptions of therapeutic intervention in suicide crisis counseling in experienced Korean counselors: a concept mapping study. *Frontiers in Psychiatry, 12*: 784710.

Paulson, B. L., Truscott, D., & Stuart, J. (1999). Client's perception of helpful experiences in counseling. *Journal of Counseling and Development, 80,* 86-93.

Paulson, B. L., & Worth, M. (2002). Counseling for suicide: Client perspectives. *Journal of Counseling Psychology and Development, 80,* 86-93.

참고문헌

Riger, S. (1999). Measuring subjectivities: Concept mapping as a feminist research method: Examination of the community response to rape. *Psychology of Women Quarterly, 23*, 91-94.

Rosas, S. R., & Camphausen, L. C. (2007). The use of concept mapping for scale development and validation in evaluation. *Evaluation and Program Planning, 30*, 125-135.

Rosas, S. R., & Kane, M. (2012). Quality and rigor of the concept mapping methodology: a pooled study analysis. *Evaluation and Program Planning, 35*(2), 236-245.

Stengel, E., & Cook, N. G. (1958). *Attempted suicide: Its social significance and effects*. London: Chapman & Hall/CRC.

Strauss, A., & Corbin, J. (1998). *Basics of qualitative research: Techniques and procedures for developing grounded theory*. Sage Publications, Inc.

Tangen, J. L., & Cashwell, C. S. (2016). Touchstones of connection: A concept mapping study of counselor factors that contribute to relational depth. *The Journal of Humanistic Counseling, 55*(1), 20-36.

Tracey, T. J. G., Lichtenberg, J. W., Goodyear, R. K., Claiborn, Ch. D., & Wampold, B. E. (2003). Concept mapping of therapeutic common factors. *Society for psychotherapy research, 13*, 401-413.

Treat, T. A., McFall, R. M., Viken, R. J., Nosfosky, R. M., MacKay, K. B., & Kruschke, J. K. (2002). Assessing clinically relevant perceptual organization with multidimensional scaling techniques. *Psychological*

Assessment, 14, 239-252.

Trochim, W. M. K. (1989). An introduction to concept mapping for planning and evaluation. *Evaluation and Program Planning, 12*, 1-16.

Trochim, W., & Cook, J. (1993). *Workforce competencies for psychosocial rehabilitation workers: A concept mapping project.* Columbia, MD: International Association of Psychosocial Rehabilitation Services.

Trochim, W. M., & Linton, R. (1986). Conceptualization for planning and evaluation. *Evaluation and Program Planning, 9*(4), 289-308.

Trochim, W. M., & McLinden, D. (2017). Introduction to a special issue on concept mapping. *Evaluation and Program Planning, 60*, 166-175.

Wolcott, H. (1973). *The man in the Principal's office: An Ethnography.* New York: Holt.

부록 1

개념도 연구 진입 전 자기점검

다음은 개념도 연구를 수행하기 위해 필요한 사항이다. 개념도 연구방법은 양적 연구와 질적 연구를 모두 포함하는 혼합연구방법으로 양적 연구와 질적 연구에 대한 기본적인 지식을 갖추고 있어야 한다. 다음의 체크 리스트를 활용하여 개념도 연구를 시작하기 전 자신의 사전 준비도를 점검해보자.

개념도 연구를 수행하기 위해 필요한 사항	나의 준비도
1. 나의 관심 연구주제가 있다.	예 □ 아니오 □
2. 나의 관심 연구주제에 대한 학술지 논문 및 학위 논문을 다수 탐독하였다.	예 □ 아니오 □
3. 질적 연구방법론에 대한 기본적인 지식을 갖추고 있다.	예 □ 아니오 □
4. 양적 연구방법론에 대한 기본적인 지식을 갖추고 있다.	예 □ 아니오 □
5. 연구설계, 연구문제 형성, 연구 윤리, 논문 글쓰기 등 연구에 대한 기본적인 지식을 갖추고 있다.	예 □ 아니오 □
6. 연구자문을 구할 수 있는 대상이 있다.	예 □ 아니오 □
7. 질적 연구를 수행하기 위해 필요한 절차(면담 질문 작성, 면담 기술)에 대한 기본적인 이해를 갖추고 있다.	예 □ 아니오 □
8. 질적 연구의 의미단위 분석방법에 대한 기본적인 이해를 갖추고 있다.	예 □ 아니오 □
9. 기본적인 코딩시트 작성법과 SPSS 사용방법을 알고 있다.	예 □ 아니오 □
10. SPSS를 활용하여 다차원척도 분석과 위계적 군집분석을 실시할 수 있다.	예 □ 아니오 □
아직 준비가 되지 않은 부분이 있다면, 그 부분을 채울 수 있는 방법을 계획해보자.	

개념도 활용 상담학 연구 논문 목록

강현주, 이홍숙, 최한나 (2016). 상담사의 자기 돌봄(self - care) 인식에 관한 개념도 연구. **상담학연구, 17**(2), 24-45.

강혜원, 이정윤 (2020). 미묘한 성차별(Gender Microaggression)에 대한 개념도 연구: 20대 여성을 중심으로. **여성연구, 106**(3), 63-92.

고경희, 이정윤 (2018). 중년기 성인의 적응유연성 보호요인에 관한 개념도: 남녀 차이를 중심으로. **상담학연구, 19**(2), 279-301.

구승영, 김영근 (2019). 집단상담의 치료적 요인에 관한 집단원의 지각 차원. **상담학연구, 20**(1), 165-190.

권윤정, 장재홍 (2017). 청소년 내담자가 지각한 작업동맹 형성에 대한 개념도 연구. **청소년학연구, 24**(1), 213-238.

권해수, 서정아, 정찬석 (2007). 대안학교와 소년보호교육기관 청소년의 학교밖 경험 비교: 개념도 방법론을 통하여. **상담학연구, 8**(2), 657-674.

권혜경, 이희경 (2013). 초심상담사와 숙련상담사가 지각하는 내담자 강점과 활용방안에 대한 개념도 연구. **한국심리학회지: 상담 및 심리치료, 25**(3), 397-424.

김나래, 이기학 (2016). 여성의 자발적 경력변경(Voluntary Career Change) 영향 요인에 대한 개념도 연구. **상담학연구, 17**(1), 227-248.

김대원, 김영주, 이지원, 장재현 (2013). 초심 상담수련생과 내담자가 겪는 조기종결 경험에 대한 개념도 연구. **한국심리학회지: 상담 및 심리치료, 25**(2), 157-186.

김민경, 조성호 (2017). 청소년의 외상후 성장에 관한 개념도 연구 = 상실 외상 경험을 중심으로. **한국심리학회지: 학교, 14**(2), 259-279.

김민정, 최한나 (2021). 상담사의 옹호활동에 관한 개념도 연구. **한국심리학회지: 상담 및 심리치료, 33**(3), 853-881.

김보미, 이신동 (2017). 개념도 방법을 이용한 초등영재의 진로상담요구 분석. **영재와 영재교육, 16**(2), 49-72.

김선경 (2011). 초등학교 담임교사가 지각한 학교상담의 어려움에 대한 연구. **상담학연구, 12**(5), 1473-1488.

김선경, 안도현 (2015). 학교상담 : 초등교사가 지각하는 효과적인 학부모 상담 전략. **상담학연구, 16**(5), 323-338.

김선경, 전재영 (2012). 기업상담소 방문 결정 이유에 관한 개념도 연구. **한국심리학회지: 상담 및 심리치료, 24**(2), 465-483.

김선경, 최윤정, 이제경 (2013). 고용센터 직업상담사가 인식한 심층상담 수퍼비전 요구에 대한 개념도. **한국심리학회지: 상담 및 심리치료, 25**(1), 1-18.

김영근 (2013). 치료적 요인으로서의 상담사 요인에 대한 내담자의 인식 차원. **한국심리학회지: 상담 및 심리치료, 25**(2), 203-226.

김영주, 장재현, 김대원, 이지원 (2013). 초심 상담수련생과 내담자가 겪는 조기종결 경험에 대한 개념도 연구. **한국심리학회지: 상담 및 심리치료, 25**(2), 157-186.

김영진, 왕은자 (2017). 기업상담사의 수퍼비전 교육내용 요구에 대한 탐색. **상담학연구, 18**(5), 403-421.

김은하, 김현준, 김이윤, 김주영 (2018). 내담자가 인식하는 효과적인 상담사의 행동, 반응, 태도에 관한 개념도 연구: 대학상담센터를 중심으로. **상담학연구, 19**(1), 1-21.

김은하, 서정선, 민수경 (2018). 대학생 내담자의 관점에서 방해가 되는 상담사의 행동, 반응, 태도에 관한 개념도 연구. **인간이해, 39**(1), 43-66.

김지연 (2019). 전문상담교사 자문 역할 수행의 장애요인 탐색. **상담학연구, 20**(2), 253-279.

김지연 (2021). 고등학교 담임교사가 인식하는 우수 진로전담교사의 직무수행 특성에 대한 개념도 연구. **진로교육연구, 34**(1), 43-72.

김지연 (2021). 중학교 담임교사가 인식하는 우수 진로전담교사의 직무수행 특성에 대한 개념도 연구. **아시아교육연구, 22**(2), 459-485.

김지연, 박알뜨리 (2019). 담임교사가 인식한 학교상담사와의 자문 관계에서의 장애요인 탐색. **한국심리학회지: 학교, 16**(1), 39-63.

김지연, 이동귀 (2009). 순수 낙관주의자와 순수 비관주의자의 특성 비교. **상담학연구, 10**(4), 1929-1950.

김지연, 한나리, 이동귀 (2009). 초심상담사와 상담전문가가 겪는 어려움과 극복방안에 대한 개념도 연구. **상담학연구, 10**(2), 769-792.

김혜숙, 이기학 (2012). 전문상담교사 경력 단계별 연수 요구에 대한 개념도 연구. **한국심리학회지: 학교, 9**(3), 505-528.

김희영, 이지연, 장진이 (2013). 장애아동 부모상담의 성공 요인에 대한 개념도 연구. **청소년복지연구, 15**(2), 227-246.

남희경, 장성숙 (2016). 숙련 및 초심 외상 상담사가 지각하는 대리외상의 영향과 대처에 관한 개념도 연구. **상담학연구, 17**(3), 1-22.

라수현, 이유정, 최명식 (2012). 수퍼바이저들의 수퍼바이지 평가 항목에 대한 개념도 분석 연구. **인간이해, 33**(1), 103-122.

민경화, 김창대 (2014). 상담사가 인식한 작업동맹 위기 표지. **상담학연구, 15**(1), 35-57.

박근영, 임은미 (2014). 전문상담교사의 소진경험에 대한 개념도 연구. **중등교육연구, 62**(1), 171-198.

박수영, 공춘옥, 정윤경 (2018). 동성애자 및 양성애자 내담자의 상담 참여 결정 요인에 대한 인식. **상담학연구, 19**(3), 367-383.

박수영, 최한나 (2013). 상담사가 지각한 상담성과를 가져오는 상담사 요인에 대한 개념도 연구. **상담학연구, 14**(5), 2969-2986.

박애실 (2022). 자살위기상담 수퍼비전 교육내용 요구에 대한 탐색. **상담학연구, 23**(4), 205-233.

박은선, 손은영, 임지숙 (2016). 맞벌이 남성의 일-가정 양립 경험에 대한 개념도 연구. **한국심리학회지: 상담 및 심리치료, 28**(4), 1193-1216.

박지현, 주영아 (2020). 워킹대디의 육아휴직 경험에 관한 개념도 연구. **인문사회21, 11**(4), 307-322.

박현미, 최한나 (2016). 청소년미혼모가 지각하는 학업복귀의 장애요인. **청소년학연구, 23**(4), 1-24.

서정일, 이화연, 김가연, 이동귀 (2021). 학생 자살 후 교사의 애도 경험에 관한 개념도 연구: 어려움 및 도움 요인. **한국심리학회지: 학교, 18**(1), 121-151.

성희경, 한기순 (2011). 영재의 고민과 상담요구에 대한 개념도 분석. **청소년학연구, 18**(9), 309-336.

손재환, 이대형, 이현진, 유춘자, 정진선, 김수현, 박소영 (2013). 학교폭력 가·피해 유형분류를 위한 현장 전문가 대상 개념도(concept mapping) 분석. **청소년상담연구, 21**(2), 317-342.

손진희 (2010). 여자대학생의 진로결정과정 요인 탐색 = 청소년기 학업우수자를 중심으로. **한국심리학회지: 상담 및 심리치료, 22**(2), 435-457.

손진희 (2010). 청소년기 학업우수 남학생의 대학 재학 시 진로결정 영향요인. **청소년상담연구, 18**(2), 187-204.

송수정, 오인수 (2016). 고등학교 교사가 인식한 전문상담교사 제공 서비스의 도움요소와 불만족요소 탐색. **교원연구, 32**(2), 111-136.

심유지, 이명우 (2021). 초심상담사의 접수면접 슈퍼비전 경험에 대한 개념도 연구. **정서 행동장애연구, 37**(4), 131-154.

양명주 (2018). 진로 · 취업상담 관련 종사자의 윤리위반에 대한 대학생 인식 탐구. **진로교육연구, 31**(4), 113-133.

양명주, 김가희, 김봉환 (2016). 대학 진로,취업상담사가 지각하는 윤리적 딜레마에 관한 개념도 연구. **상담학연구, 17**(2), 101-119.

양명주, 김봉환 (2015). 한국대학생의 중소기업 입사 기피를 유발하는 정서 · 성격적 요인 탐색. **취업진로연구, 5**(2), 1-28.

양미진, 유혜란, 서선아, 박성륜, 김경화, 유준호 (2015). 사이버상담 성과에 대한 개념도 연구. **청소년상담연구, 23**(1), 121-138.

엄정혜, 김은혜, 백지영, 한나리, 조민아 (2016). 이공계 대학생의 대학생활 어려움과 상담소 이용에 대한 개념도 연구: S대학교 학생을 중심으로. **인간이해, 37**(1), 41-66.

왕은자, 김계현 (2009). 기업상담 효과에 대한 세 관련 주체(내담자, 관리자, 상담사)의 인식. **상담학연구, 10**(4), 2115-2135.

왕은자, 김계현 (2010). 기업상담 효과에 대한 세 관련 주체(내담자, 관리자, 상담사)의 인식 비교 분석. **상담학연구, 11**(2), 641-656.

원복연, 송재홍 (2016). 초등학교 초임교사가 경험하는 직무스트레스에 대한 개념도 연구. **상담학연구, 17**(6), 437-452.

위준원, 최한나 (2015). 한국사회 다문화상담사가 지각하는 어려움과 극복 방안에 대한 개념도 연구. **아시아문화연구, 40**. 87-130.

유성경, 임지숙, 손은영 (2016). 한국 맞벌이 여성들의 일-가정 양립 경험에 대한 개념도 연구. **상담학연구, 17**(6), 475-498.

윤성근, 양은주 (2015). 내담자의 자살에 대한 정신건강 전문가의 정서적 경험과 보호요인 = 개념도 연구법을 활용하여. **한국심리학회지: 상담 및 심리치료, 27**(3), 519-541.

윤성근, 유주희, 이승은, 이지영, 장현진, 허다연, 홍예주, 장수정 (2018). 수퍼바이저의 경력에 따른 초심 상담사의 수퍼비전 경험: 개념도 연구법을 활용하여. **인간이해, 39**(2), 189-216.

윤혜경, 이지연 (2010). 중학생이 지각하는 또래관계 역량의 개념과 수준. **한국심리학회지: 학교, 7**(1), 1-18.

은혜경 (2013). 직업상담사가 인식한 진로유연성 탐색 : 경력단절 기혼여성의 재취업 과정을 중심으로. **평생학습사회, 9**(1), 81-104.

은혜경, 김창대 (2011). 경력단절 기혼여성의 재취업을 위한 진로유연성 탐색: 재취업 성공 기혼여성의 인식을 중심으로. **상담학연구, 12**(2), 651-671.

이동귀, 강승림, 박종철, 이수지, 손하림 (2019). 시설에서 자립을 앞둔 청소년 미혼모의 불안과 욕구에 대한 개념도 연구. **한국심리학회지: 여성, 24**(2), 105-124.

이동귀, 서해나(2010). 완벽주의적 자기제시성향이 높은 대학생과 낮은 대학생의 특성비교. **상담학연구, 11**(1), 91-110.

이동귀, 양난미, 박현주, 장석환 (2015). 한국 핵가족의 자존감과 행복 요인에 관한 개념도 연구. **인문학논총, 38**, 195-229.

이보미, 최한나 (2015). 중학생의 학교상담요청 결정 과정의 촉진요인 및 방해요인. **청소년상담연구, 23**(1), 77-96.

이상희, 신상수 (2012). 진로선택에서의 우연요인에 대한 대학생의 개념도 분석. **인간이해, 33**(1), 1-20.

이은영, 이정미 (2021). 남녀 고등학생들의 우정에 대한 개념도 연구. **한국심리학회지: 학교, 18**(1), 49-70.

이정윤, 정혜연, 김지현 (2016). 개념도 연구방법을 통한 대학생과 고등학생의 학습동기조절전략 비교. **아시아교육연구, 17**(3), 327-354.

이종형, 정신영, 송경재 (2012). 군대 내 언어폭력 가해 동기에 관한 개념도 연구. **상담학연구, 13**(4), 1767-1780.

이지연, 김문희, 한수진, 장진이 (2013). 성공적인 다문화 가정 학부모 상담을 위한 필요 요인에 대한 개념도. **한국심리학회지: 학교, 10**(1), 1-18.

이지원, 송보라, 이주연, 이지향, 이기학 (2014). 성인의 생애주기별 진로적응과업에 대한 개념도 연구. **한국심리학회지: 상담 및 심리치료, 26**(4), 1073-1108.

이현아, 이기학 (2010). 학교상담의 도움요소와 불만족요소에 대한 개념도 연구 = 중학생 내담자와 전문상담교사의 인식비교. **한국심리학회지: 학교, 7**(2), 123-149.

이혜선, 김성연, 박일, 강여정, 이지영, 권정혜 (2012). 대학생의 자살관련생각과 행동의 원인 및 자살을 선택하지 않은 이유. **한국심리학회지: 상담 및 심리치료, 24**(3), 703-728.

이홍숙, 최한나 (2016). 부부상담의 치료적 개입 요인에 대한 상담사의 인식. **한국심리학회지: 상담 및 심리치료, 28**(1), 33-61.

장재현, 이기학 (2013). 외상경험에 의한 심리적 어려움과 회복요인에 대한 개념도 연구 : 천안함 피격사건 생존장병을 중심으로. **상담학연구, 14**(2), 1145-1164.

전해수, 이미경, 이상민 (2020). 학업상황에서 발생하는 짜증 정서에 대한 개념도 연구. **청소년상담연구, 28**(2), 47-67.

정신영, 이동귀, 박현주 (2012). 자살시도 병사의 위험요인과 보호요인에 관한 개념도 연구. **상담학연구, 13**(1), 113-133.

조영미, 김동민, 송경수, 유지현 (2009). 청소년 인식에 의한 인터넷 중독의 원인 탐색: 개념도 접근을 중심으로. **상담학연구, 10**(1), 469-483.

최윤정, 김계현 (2007). 진로상담 : 고학력 기혼여성의 진로단절 위기 경험에 대한 개념도(Concept Mapping) 연구 - 진로지속 여성과 중단 여성 간의 비교. **상담학연구, 8**(3), 1031-1045.

최한나, 김삼화, 김창대 (2008). 청소년이 지각한 또래관계 역량. **상담학연구, 9**(1), 181-197.

최혜윤, 김은하, 차지숙 (2017). 정신건강전문가가 지각하는 소진 회복의 징후와 회복 촉진 요인에 대한 개념도 연구. **상담학연구, 18**(6), 559-583.

한길자, 손진희 (2012). Wee 프로그램 효과에 대한 학생, 교사, 상담사의 인식 비교 : 천안 Wee 센터를 중심으로. **상담학연구, 13**(5), 2203-2227.

허보연, 김봉환 (2012). 개념도 방법을 통한 여자대학생이 지각하는 진로장벽 탐색. **한국심리학회지 상담 및 심리치료, 24**(3), 621-639.

허찬희, 이지연 (2020). 성폭력 상담사 대리외상 경험에 대한 개념도 연구. **한국콘텐츠학회논문지, 20**(11), 457-471.

홍수미, 김희정 (2017). 내담자가 지각한 상담성과에 영향을 미치는 내담자 요인에 대한 개념도 연구. **인간이해, 38**(2), 33-54.

홍원경, 장진이 (2019). 초심상담사가 인식하는 직업적응에 대한 개념도 연구. **청소년학연구, 26**(5), 361-389.

홍혜숙, 왕은자 (2016). 청소년동반자가 지각한 상담과정 알아차림 방해요소 연구. **청소년상담연구, 24**(2), 365-385.

황미연, 이지연 (2016). 성인 발달장애인 부모의 상담요구 분석. **사회과학연구, 42**(2), 191-211.

Bedi, R. P. (2006). Concept mapping the client's perspective on counseling alliance formation. *Journal of Counseling Psychology, 53*(1), 26.

Carter, J. W., Enyedy, K. C., Goodyear, R. K., Arcinue, F., & Puri, N. N. (2009). Concept mapping of the events supervisees find helpful in group supervision. *Training and Education in Professional Psychology, 3*(1), 1.

Cho, H., & Seo, Y. S. (2017). Korean counselors' perceptions of the real relationship in counseling process. *Asia Pacific Education Review, 18*(1), 135-146.

Daughtry, D., & Kunkel, K. A. (1993). Experience of depression in college students: A concept map. *Journal of Counseling Psychology, 40*, 316-323.

DeSteno, D. A., & Salovey, P. (1997). The effects of mood on the structure of the self-concept. *Cognition and Emotion, 11*(4), 351-372.

Gol, A. R., & Cook, S. W. (2004). Exploring the underlying dimensions of coping: A concept mapping approach. *Journal of Social and Clinical Psychology, 23*, 155-171.

Kemer, G., Borders, L. D., & Willse, J. (2014). Cognitions of expert supervisors in academe: A concept mapping approach. *Counselor Education and Supervision, 53*(1), 2-18.

Kunkei, M. A., & Newsom, S. S. (1996). Presenting problems for mental health services: A concept map. *Journal of Mental Health Counseling, 18*(1), 53-43.

Park, A., Kim, D., & Shin, H. G. (2022). Perceptions of therapeutic intervention in suicide crisis counseling in experienced Korean counselors: a concept mapping study. *Frontiers in Psychiatry, 12*: 784710.

Paulson, B. L., & Everall, R. D. (2003). Suicidal adolescents: Helpful aspects of psychotherapy. *Archives of Suicide Research, 7*(4), 309-321.

Paulson, B. L., Truscott, D., & Stuart, J. (1999). Clients' perceptions of helpful experiences in counseling. *Journal of Counseling Psychology, 46*(3), 317.

Paulson, B. L., & Worth, M. (2002). Counseling for suicide: Client perspectives. *Journal of Counseling & Development, 80*(1), 86-93.

Tangen, J. L., & Cashwell, C. S. (2016). Touchstones of connection: A concept mapping study of counselor factors that contribute to relational depth. *The Journal of Humanistic Counseling, 55*(1), 20-36.

Tracey, T. J., Lichtenberg, J. W., Goodyear, R. K., Claiborn, C. D., & Wampold, B. E. (2003). Concept mapping of therapeutic common factors. *Psychotherapy Research, 13*(4), 401-413.

White, K. S., & Farrell, A. D. (2001). Structure of anxiety symptoms in urban children: Competing factor models of the revised children's manifest anxiety scale. *Journal of Consulting and Clinical Psychology, 69*(2), 333-337.

진술문 유사성 분류 및 중요도 평정 안내

> 안녕하세요?
> 본 작업지는 진술문 카드 유사성 분류와 중요도 평정 작업으로 구성되어 있습니다.
> 제시한 77개의 진술문은 "자살위기상담에서 상담사가 지각하는 치료적 개입 요인"을 탐색하기 위해 제작되었습니다.
> 유사성 분류를 먼저 하신 후, 이후 중요도 평정 작업을 해주시면 됩니다.
> 평균 소요되는 시간은 약 40-50분으로 예상됩니다.
> 편안한 마음으로 집중하여 구조화 작업을 해주시길 간절히 부탁드립니다.
> 다시 한번 소중한 시간을 내어주셔서 진심으로 감사드립니다.

1. 진술문 카드 유사성 분류

다음의 지침을 이해하신 후, 총 77개의 진술문 카드를 분류하고, 다음 페이지에 각 범주별 제목과 분류된 카드번호를 적어주시면 됩니다.

1) 유사한 진술문끼리 분류

(1) 총 77개의 진술문 카드를 유사한 부류라고 생각되는 카드끼리 묶습니다.

(2) 이때, 분류한 묶음, 즉 범주는 몇 개가 되어도 상관이 없습니다. 다만, 77개의 카드를 1개의 범주로 묶는 것, 모든 진술문을 각각 한 개의 범주로 묶어 77개의 범주로 묶지 않도록 합니다. 즉, 범주당 최소 2개의 진술문으로 구성되어야 합니다. 또한, 범주를 구성한 후에 남는 카드가 있어서는 안됩니다.

2) 각 범주의 제목 정하기

각 범주를 잘 표현할 수 있는 제목을 적어주시면 됩니다.

유사성 분류 결과 기록지

	범주 제목 각 범주를 잘 표현할 수 있는 제목을 적어주시면 됩니다	**해당 진술문 번호** 진술문 번호를 적어주시면 됩니다 (중요!) 누락된 번호가 생기지 않도록 확인 부탁드립니다
1		
2		
3		
4		
5		
6		
7		
8		
9		
10		
11		
12		
13		

14		
15		
16		
17		
18		
19		
20		
21		
22		
23		
24		
25		
26		
27		
28		
29		
30		

2. 중요도 평정

각각의 진술문이 자살위기상담의 치료적 개입 요인으로서 얼마나 중요한지 자유롭게 평정주세요.

평정하시기 전에, 하나의 세트로서 가장 중요한 진술문과 가장 중요하지 않은 진술문에 대한 아이디어를 얻기 위해, 전체 77개의 진술문 목록을 빠르게 한번 우선 훑어주시길 바랍니다. 그런 다음, 1점에서 7점 척도를 모두 사용하여, 평정을 해주시길 부탁드립니다.

번호	진술문	매우 중요하지 않다 ⇐ = ⇒ 매우 중요하다						
	"상담사는 ______________ 한다"	1	2	3	4	5	6	7
1	위기관리를 위해 상담빈도와 시간을 유연하게 조정한다							
2	내담자 자살위험의 보호요인을 평가한다							
3	위급한 경우에는 라포보다는 위기관리를 우선한다							
4	자문/수퍼비전/교육분석을 통해 상담사의 어려움을 다루고 내담자에게 도움이 되는 개입에 대한 조망을 넓힌다							
5	자살위기에 영향을 준 대인관계갈등문제를 효과적으로 해결할 수 있는 기술을 습득하도록 돕는다							
6	라포형성을 하여 이후 개입을 위한 내담자의 협조를 얻어낸다							
7	자살 촉발요인이 내담자의 삶에 어떤 의미인지 탐색한다							
8	자살충동/시도를 유발하는 핵심신념을 확인한다							
9	불필요한 혼란을 막기 위해, 최대한 이해하기 쉽고 명확한 언어를 사용한다							

번호	진술문	매우 중요하지 않다 ⇐ = ⇒ 매우 중요하다						
	"상담사는 ______________ 한다"	1	2	3	4	5	6	7
10	내담자의 취약한 기능과 자원이 될 수 있는 긍정적인 부분을 파악한다							
11	내담자의 기능수준이 낮은 경우, 안전에만 신경을 쓰며 위기 순간을 버티는 데 집중한다							
12	종결 후에도 주기적으로 연락하여 안전을 확인한다							
13	내담자가 자신만의 삶의 의미를 만들어가도록 돕는다							
14	내담자에게 좋은 대상이 되어주고, 발달단계에 맞춰서 재양육(reparenting)해준다							
15	자살사고/충동/시도에 영향을 준 성장배경을 탐색한다							
16	자살사고/충동/시도를 유발하는 정서가 무엇인지 명명하고 확인해주며 안정시켜준다							
17	자살시도/충동 에피소드를 탐색할 때 너무 감정적으로 반응하기보다 사실에 초점을 맞추어 중립적으로 반응한다							
18	내담자의 정서상태를 관찰한다							
19	우선 자살을 지연시켜 시간을 확보한다							
20	상담사가 내담자의 자살 충동/시도로부터 겪는 인간적인 감정들을 개방한다							
21	내담자가 상담사에게 의미 있고 중요한 존재임을 표현한다							
22	내담자의 죽음이 상담사에게 영향을 준다고 말해준다							
23	내담자가 하고 싶은 것을 찾고 희망을 갖게 해준다							
24	내담자의 현재 기능수준에서 다룰 수 있는 문제부터 개선하여 위기수준을 낮춘다							
25	부정적인 감정을 구체적으로 표현할 수 있도록 돕는다							

번호	진술문 "상담사는 ____________ 한다"	매우 중요하지 않다 ⇐ = = ⇒ 매우 중요하다 1	2	3	4	5	6	7
26	자신의 자살충동/시도에 대한 내담자의 감정을 탐색한다							
27	내담자에게 휘둘리지 않고, 일정한 거리를 두고 버텨주어, 내담자가 자기 문제를 객관적으로 바라볼 수 있게 한다							
28	위급한 순간에 연락할 수 있는 응급연락망을 제공한다							
29	자살에 대한 상담사의 반대입장을 단호하게 말한다							
30	내담자를 가치 있게 여기고, 무조건적이고 긍정적인 태도로 수용해준다							
31	보호자에게 위기상황을 알리고, 위기대처를 할 수 있게 교육한다.							
32	내담자의 정서, 인지, 신체, 행동 측면에서 내담자의 자살위기를 종합적으로 이해한다							
33	자살위기까지 가게 된 내담자의 주요 정서(예: 세상에 혼자 남겨진 듯한 절망스러움)를 이해하고 민감하게 반응한다							
34	살아서 돌아온 내담자에게 반가운 마음을 표현한다							
35	상담에서 할 수 없는 것에 대해 내담자에게 알리고, 스스로 대처해야 하는 부분에 대해 논의하여 구조화한다							
36	필요한 경우, 약물치료를 권유하고 약물복용을 지속적으로 모니터한다							
37	내담자에게 자살시도를 하지 않겠다는 약속을 받는다							
38	내담자의 절망감을 같이 견디며 고통의 자리에 함께 있어준다							
39	사회적 지지자원을 파악하고, 지지체계를 구축하도록 돕는다							
40	우울하고 무력한 내담자에게 변화를 위한 개입의 지점을 인내를 가지고 민감하게 찾는다							

번호	진술문 "상담사는 ____________ 한다"	매우 중요하지 않다 ⇐ = ⇒ 매우 중요하다 1	2	3	4	5	6	7
41	내담자가 두려워하는 정서를 피하지 않고, 그 정서에 접촉하게 한다							
42	자살시도 과정 자체에서 겪은 내담자의 심리적, 신체적 고통을 알아봐준다							
43	상담사와의 경계를 침범하는 내담자를 우선은 받아주며 지지해준다							
44	위험한 경우, 입원을 권유하고 그 과정을 지지해준다							
45	자살이 아닌 다른 대안이 있음을 알려준다							
46	자살위기상담에서 상담사가 겪게 되는 압도적이고 부정적인 감정을 견딘다							
47	상담사가 소속된 기관의 협조(예: 회기연장, 상담료 조정, 부재 시 동료상담사 협력)를 요청한다							
48	자기 파괴적인 행동(술 남용, 위험한 성관계)을 줄이도록 돕는다							
49	죽지 않고 계속해서 살아가고 있는 내담자의 힘을 인정해준다							
50	반복적인 자살충동과 시도과정에서 어떤 일이 있었고, 어떤 감정이 있었는지 함께 들여다봐준다							
51	자살과 관련된 비밀보장의 한계에 대해 내담자에게 알리고 함께 논의한다							
52	최소한의 생활(먹고, 자고, 씻고, 산책하기)을 유지하게 한다							
53	내담자의 자살위험에 대한 상담사의 직감을 알아차린다							
54	내담자가 죽지 않고 잘 살았으면 하는 상담사의 마음을 전달한다							
55	내담자가 도움이 필요할 때 활용할 수 있는 자원을 안내한다							
56	내담자의 작은 변화를 알아봐주고 격려해준다							

번호	진술문	매우 중요하지 않다	⇐ = ⇒					매우 중요하다
	"상담사는 ______________ 한다"	1	2	3	4	5	6	7
57	내담자가 자신의 마음을 표현할 수 있는 다양한 방법(심상, 그림)을 활용한다							
58	죽고 싶은 마음이 쉽게 없어지지 않음을 이해하고 공감해준다							
59	위급한 경우, 내담자의 안전부터 먼저 확인하고 내담자가 진정되도록 돕는다							
60	입원치료로 인한 상담 중단이 내담자에게 미치는 영향을 고려한다							
61	비협조적인 내담자의 태도 이면의 힘든 마음을 이해해주고 버텨준다							
62	상담사가 내담자에게 갖게 되는 부정적인 감정(예: 불안, 화, 좌절, 무력감 등)에 대해 알아차린다							
63	상담사에게 정서적으로 의지하는 내담자를 위해 종결과 관련된 다양한 감정을 다뤄주며, 종결의 때와 방식에 대해 충분히 논의한다							
64	문제를 긍정적인 관점에서 재해석(reframing)해준다							
65	내담자와 협력하여 안전계획을 세우고, 필요한 경우, 상담사가 주도적으로 지시한다							
66	죽음에 대한 내담자의 양가감정을 읽어준다							
67	촉발요인으로부터 자살충동/시도까지의 과정을 상세히 탐색한다							
68	일상적(학업적, 직업적) 생활패턴을 유지하게 한다							
69	자살위험을 높이는 과거력, 진단명, 환경을 파악한다							
70	상담사가 자신의 불안을 떨쳐버리기 위한 목적에서 개입하지 않도록 주의한다							
71	내담자가 자신의 두려운 정서와 연결된 욕구 혹은 소망을 알도록 돕는다							
72	문제행동이 가져올 수 있는 결과를 알려준다							

번호	진술문	매우 중요하지 않다 <⇐ = ⇒> 매우 중요하다						
	"상담사는 ______________ 한다"	1	2	3	4	5	6	7
73	자해의 과정을 탐색하고, 자해를 줄이기 위해 내담자와 논의한다							
74	내담자가 죽고 싶을 만큼 고통스러움을 공감해주고 타당화해준다							
75	내담자가 왜 자살시도를 하였는지 자신의 의도를 스스로 알도록 돕는다							
76	대처를 위한 행동단계를 매우 구체적으로 알려준다							
77	자살사고/충동을 지속적으로 점검한다							

저자 약력

박애실

한양대학교 상담심리대학원 조교수
전) 울산대학교 의과대학 의학과 연구교수

상담사와 내담자의 만남이 이루어지는 상담과정에서 변화와 치유를 가지고 오는 기제에 관심이 있다. 이를 위해 질적연구방법론과 혼합연구방법론을 사용하여 상담과정들을 귀납적으로 탐색하는 다수의 논문을 출간한 바 있다. 최근, 개념도 연구방법을 활용한 상담학 연구로는 국제학술지인 Frontiers in Psychiatry에 게재된 "Perceptions of Therapeutic Intervention in Suicide Crisis Counseling in Experienced Korean Counselors"와 국내 학술지 상담학연구에 게재된 "자살위기상담 수퍼비전 교육내용 요구에 대한 탐색"이 있다. 그 외, 미국과 한국에서 풍부한 임상경험을 가지고 있는 상담전문가로서 계속해서 치료적인 개입 목록들을 발굴하기 위해 연구와 강의에 매진하고 있다.

박승민

숭실대학교 기독교학과 상담심리 전공 교수
숭실대학교 상담 · 인권센터 센터장
숭실대학교 부부가족상담연구소 소장
http://www.ssu-infc.com/

심리상담 전문가로서 상담과 교육, 연구를 하고 있다. 상담사로서 내담자와 함께 깊은 인생 이야기 속 삶의 지혜를 탐구할 때, 그리고 학부생과 대학원생들을 강의실에서 만나고 수업할 때 보람과 행복감을 느낀다. 박사논문 주제를 연구하기 위해 접한 질적연구방법론에 깊은 매력을 느껴, 지금까지 다양한 질적 연구를 수행하고 다수의 논문을 학술지에 게재하였다. 상담학을 비롯한 사회과학 분야의 연구자들이 보다 쉽고 명료하게 질적연구방법을 배우고 이해하도록 돕는 것에 관심을 두고 워크숍 등을 수행하고 있다.

개념도 연구방법을 활용한 상담연구과정

초판발행 2023년 3월 2일

지은이 박애실 · 박승민
펴낸이 노 현

편 집 김다혜
기획/마케팅 정성혁
표지디자인 Ben Story
제 작 고철민·조영환

펴낸곳 ㈜ 피와이메이트
서울특별시 금천구 가산디지털2로 53, 한라시그마밸리 210호(가산동)
등록 2014. 2. 12. 제2018-000080호
전 화 02)733-6771
f a x 02)736-4818
e-mail pys@pybook.co.kr
homepage www.pybook.co.kr
ISBN 979-11-6519-347-8 93180

정 가 15,000원